세계를 읽다

베트남

벤 엥겔바흐 지음
김아림 옮김

가지
KINDS BOOK

가기 전에 먼저 읽는 인문여행 시리즈

〈세계를 읽다〉에 대하여

한국에 본격적인 세계여행 안내서가 만들어진 것은 1980년대 후반, 해외여행 자유화 조치 바람을 타고 일본 책을 번역 출간한 〈세계를 간다〉(당시 중앙일보사 펴냄) 시리즈가 원조 격이었다. 그 후로 30년 가까이 된 지금, 매우 다양한 세계여행 안내서가 출간되고 있지만 더 세련되고 세분화된 정보서로 거듭났을 뿐 유명 여행지 중심의 관광 정보가 주를 이룬다는 점에서 큰 차별은 없다.

그에 반해 이 시리즈 〈세계를 읽다〉는 장소보다는 사람 그리고 그들의 삶에 초점을 맞춘 본격적인 세계문화 안내서로서, 이방인의 눈에 낯설게 느껴질 수밖에 없는 현지인의 생활문화, 관습과 예법들을 역사적 배경지식과 함께 쉽고 친절하게 알려준다. 첫 출간 후 30여 년이 지난 지금까지도 꾸준히 업데이트되며 세계적인 명성과 권위를 누리고 있는 〈컬처쇼크CultureShock〉 시리즈를 번역한 책이라는 점에서 콘텐츠에 대한 신뢰성도 높다.

컬처쇼크, 즉 '문화충격'이란 익숙한 장소를 떠나 낯선 환경에 던져진 사람이라면 누구나 겪을 수 있는 혼란스러운 상태를 말한다. 이 시리즈는 해외에 거주하거나 일정 기간 머무는 사람들이 새로운 환경에서 겪는 문화충격을 완화하는 데 도움을 주어왔다. 실제로 그 나라에서 살아보며 문화적으로 적응하는 기쁨과 위험을 몸소 체험한 저자들이 그런 혼란스러운 감정에 좀 더 효과적으로 대처하기 위해 필요한 모든 정보를 알려준다. 글은 읽기 쉬운 문체로 쓰였으며, 독자들을 충분한 조언과 암시, 정보로 무장시켜 낯선 곳에서 최대한 정상적이고 즐거운 생활을 영위할 수 있도록 돕는다. 책 안에는 현지 문화와 전통에 관한 통찰력 있는 해설, 적응에 필요한 모든 조언들, 현지인들과 소통할 수 있는 언어 정보, 여행 경험을 더욱 깊숙하게 연마해줄 방법 등이 포함되어 있다.

목차

제6장 베트남 음식

제7장 베트남 문화 여행

제8장 베트남어 이해하기

제9장 베트남에서 일하기

제10장 베트남 속성 노트

19세기 초반 베트남의 수도였던 후에. 응우옌 왕조의 왕궁이 있던 곳을 사람들이 오토바이를 타고 지나고 있다.

여러분도 인생이 어떻게 돌아가는지 알 것이다. 인생은 무도장에서 우리를 잡아끌다가 갑자기 예상치도 못한 구석으로 밀어 버린다. 결국 무슨 일이 일어났냐고? 한 사건이 다른 사건으로 이어지고, 여러분은 마침내 베트남에 도착했다. 어쩌면 여러분은 다니던 회사의 하노이 지사에 발령받았을 것이다. 아니면 여러분의 아내가 하노이에 발령받아 여러분더러 태평양을 건너라고 잡아끌 수도 있다. 어쨌든 이곳에 온 걸 환영한다.

사정이 어떻든 여러분은 베트남의 이방인일 테고 이방인은 아무것도 몰라 갈피를 못 잡는 법이다. 하지만 해결할 수 있으니 괜찮다. 다음에 이어질 내용은 이 작고 기묘하며 더운 나라에서 이제 1년을 지내는 동안 작성된 나의 상세한 보고서다.

나에 대한 약간의 정보를 덧붙인다. 나는 수도 하노이에서 생활하며 일하지만 비행기를 타고 호찌민시티(예전에는 사이공이라 불렸던 세련된 도시)로 날아가 실사 업무를 본다. 그리고 2주에 걸쳐 시장을 돌아다니며 한 분대를 먹일 만한 음식을 먹어치운다. 베트남에 사는 국외거주자들은 대부분 마치 견인 광선에 빨리듯 이 두 도시로 끌려든다. 내가 두 곳을 그렇게나 많이 언급하며 둘 사이의 차이점을 설명하느라 상당한 분량을 할애한 건 그 이유에서다. 하지만 여러분이 어쩌다 다낭이나 하이퐁으로 거처를 옮긴다 해도 초조해할 필요는 없다. 그 정보들은 이 지역에도 들어맞을 테니 말이다.

나는 지금껏 이곳에서 근무하면서 여러분이 곧 부딪칠 몇 가지 장애물을 이미 넘었다. 그러니 여러분에게 이 책은 쓸모가 있을 것이다. 나는 공산당 지지자도, 여행상품을 파는 사람도 아니다. 단지 여과하지 않은 날것 그대로 여러분을 베트남에 데려가려 한다. 나는 여러분이 어떻게 해야 좋은 대접을 받을지, 여러분이 무엇과 싸워야 할지 알려줄 것이다. 현지에 살면서 베트남 지역주민과 동료 국외거주자들 양쪽과 대화를 나눈 결과 여러분이 확인해야 할 사항을 빠짐없이 짚고 넘어갈 것이다. 예컨대 이 책에서는 꽃을 시들게 하는 스모그, 엄청나게 뜨거운 햇볕, 꽉 틀어 막힌 도로, 그칠 기미 없는 비에 대해 적절한 경고를 내린다. 하지만 동시에 여러분이 얼른 책을 덮고 카페 쭝(계란 커피)을 곁들인 반미 샌드위치를 먹으러 가고 싶어 안달 나게 한다.

국외거주자인 여러분은 손님이자 외교사절이다. 여러분은 긴급 사태가 발생한 지역의 정보 요원처럼 문화에 스며들고 공부해야 한다. 그건 노력이 필요하지만 즐거울 것이다. 베트남은 대부분의 사람들이 처음에 계획한 출발일보다 오래 머물게 하는 독특한 매력을 지녔다. 그리고 일단 떠났다가도 많은 사람이 다시 찾는다. 한번 이곳에 살았던 사람들은 거의 전부 이 '베트남 부메랑 효과'의 대상이다.

인생의 또 다른 진리는 인생이 결코 완벽하지 않다는 것이다. 어쩌면 여러분은 이곳에 머무르는 동안 작은 재난 몇 가지로 괴로울 수 있고, 그 계기로 여러분의 마음은 이게 즐거운 모험이 아닌 실수였다고 속삭일지 모른다. 그럴 때면 이 나라와 여기 사는 모두가 여러분에게 해코지 하는 기분일 것이다.

하지만 실제로는 그렇지 않다. 여기서 일어나는 모든 일은 베트남이라는 나라 자체 때문이고, 여기서 만나는 베트남 사람들은 그저 지나가는 여러분과 다를 바 없는 사람이다. 그리고 당황스러운 불편함은 진짜배기 경험의 일부다.

그런 경험을 하려고 여기 온 것이지 않은가?

벤 엔겔바흐
하노이에서

베트남 *Vietnam*

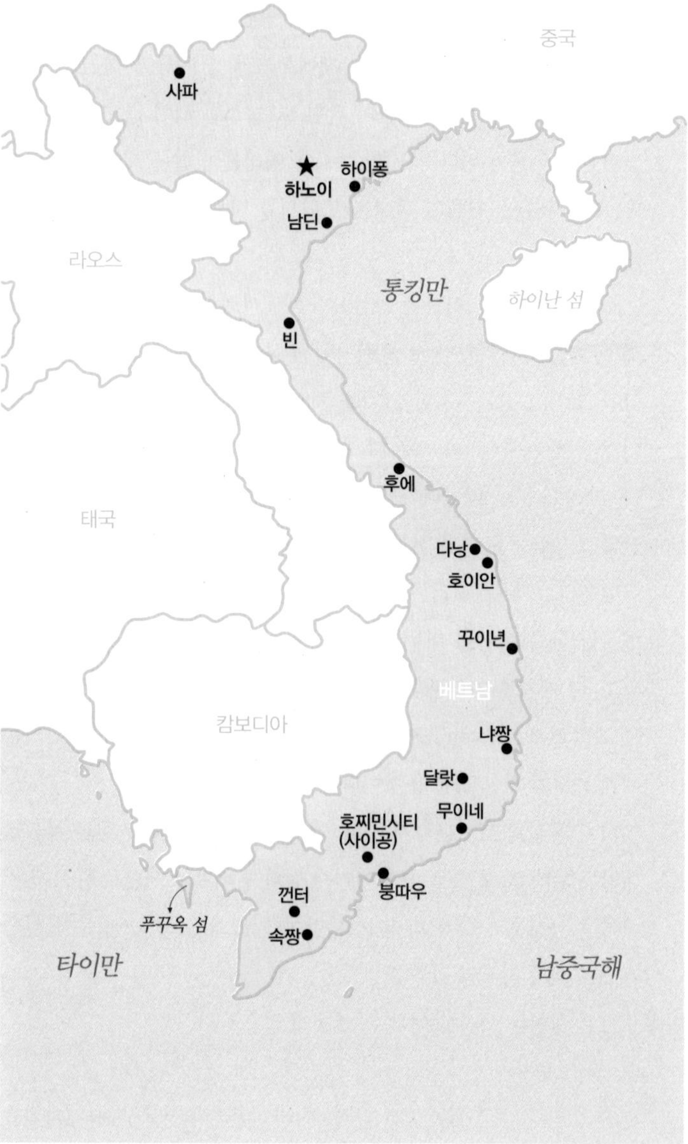
중국
사파
하이퐁
하노이
남딘
라오스
통킹만
하이난 섬
빈
후에
태국
다낭
호이안
꾸이년
베트남
캄보디아
냐짱
달랏
무이네
호찌민시티
(사이공)
붕따우
껀터
푸꾸옥 섬
속짱
타이만
남중국해

1
첫인상

뜬금없는 여행 계획은 신이 선사하는 무용 강습이다.

– 커트 보니것, 작가

좋은 소식과 나쁜 소식

일단 좋은 소식부터 전한다. 여러분은 베트남을 사랑하지 않을 수 없을 것이다.

베트남이라는 나라의 아름다움과 매력을 표현하려면 펜에 잉크가 모자란다. 이 사실은 여러분이 이곳으로 가는 비행기에 오른 이유로 충분하다. 그리고 여러분은 이곳에 온 이유를 곧 깨닫게 될 것이다. 나는 5년에 걸쳐 아시아 이곳저곳을 누빈 경험이 있지만 베트남의 풍광과 산맥, 만이 아시아 대륙에서 최고라고 성경에 손을 얹고 맹세할 수 있다.

여러분이 모험을 원한다면 비행기가 착륙한 다음 오토바이에 몸을 싣고 몇 시간만 도시를 벗어나 달리면 된다. 그리고 만약 여러분이 결국 베트남에 한동안 머무르게 되었다면, 비아허이 술집에서 등을 뒤로 젖히고 앉아 질그릇 머그잔에 담은 50센트짜리 맥주를 마시며 여기가 천국이라는 사실을 깨닫게 될 것이다. 베트남에 사는 외국인들의 의견은 너무 똑같아서 마치 선언문을 방불케 한다. 난 이 나라에서 사는 게 싫다는 사람을 만나본 적이 없다.

그럼 이제 좋은 소식은 접어두고 나쁜 소식을 살펴보자. 베트남이 지지투표에서 높은 성적을 거뒀기는 해도, 여러분이 이곳에서 머무는 모든 순간이 찬란하지만은 않을 것이다. 이 나라 역시 무척 현실적인 장소다. 이 사실을 알아야 여러분이 탄 비행기가 하노이나 호찌민시티에 막 착륙했을 때 실망하지 않을 것이다.

사실 그건 내게 일어난 일이다. 나는 베트남에 대한 아름다운 전설 같은 이야기만 들어왔던 터라 이 나라에 대한 기대가 심하게 왜곡된 채였다. 그런 과장 광고에 속은 결과 하노이에서 보낸 나의 첫 72시간은 그야말로 달콤한 신혼의(그게 무엇이든) 정반대였다.

이미 알고 있던 것처럼 처음 도착했을 때 내 눈에는 프랑스식 저택과 그늘이 진 넓은 도로가 보였다. 하지만 나는 곧 이 나라가 단순히 우편엽서 속에 나올 법한 산책하기 좋은 예쁜 장소 이상이라는 사실을 마음 속 깊이 체득했다. 이 나라는 실제로 존재하고, 혼란스런 상황과 사람들의 투지가 이곳을 정의하는 두 가지 특징이다. 이러한 새로운 현실은 인스타그램에 올릴 만한 장소라는 가능성을 빠르게 위협한다.

베트남을 방문하면 여러분은 완전히 다른 행성에 온 기분일 것이다. 동시에 과거로 여행할 수도 있다. 이 나라는 잘 알려

논에서 일하는 사람들. 도시에서 조금만 벗어나면 흔히 볼 수 있는 풍경이다.

진 대로 격동의(이것도 순화된 표현이다) 20세기를 보내온 터라 성장이 둔화되어 국가의 개발 단계로 말하면 아직 청소년기를 헤쳐 오는 중이다.

노이바이 국제공항에서 하노이로 향하는 고속도로의 양옆에는 논이 펼쳐져있다. 여기서 유명한 전통 모자를 쓴 일꾼들이 땀 흘려 열심히 일하는 모습은 마치 일부러 연출한 듯하다. 아직 과거에 사는 나라의 아름다운 일면이다. 하지만 현실적인 모습도 있다. 나는 도로 한가운데로 농부가 끌고 가는 소의 행렬을 따라 오토바이를 타고 나아가느라 속도를 늦춰야 했던 적이 몇 번이나 있었다. 오토바이의 방향을 크게 틀어 소떼를 피했고, 소를 납작하게 깔아뭉개 티본스테이크를 만들지 않으려면 가끔은 급제동을 걸어야 했다. 소들은 채찍을 휘두르는 농부로부터 벗어나려 안간힘을 썼다.

여러분이 베트남에 가면 아마 가장 큰 두 도시인 하노이와 사이공 가운데 한 곳에서 처음 며칠을 머무를 것이다. 지구상에는 조용한 도시들과 혼란스런 도시들이 있다. 베트남은 과연 어느 쪽일까?

이곳 도시의 거리는 무너져가는 듯 들쭉날쭉한 데다 매일 끝도 없이 부릉부릉 내달리며 밀려드는 오토바이들을 감당하기에는 너무 비좁다. 또 여러분이 어딘가로 이동해야 한다면 나쁜 소식이 있다. 교통 체증이 장난이 아니라는 점이다. 베트남의 도시는 아침저녁 통근 시간대에 그야말로 한바탕 홍역을 치른다. 직접 운전을 한다면 한 뼘 한 뼘 움직이느라 느리고 고된 지상전을 치를 준비를 해야 한다. 그렇지만 이 교통 정체 속에서 시간을 보내지 않는다고 해서 고생이 끝난 것은 아니다. 베트남에서는 오토바이들이 어디든 마음껏 속도를 내며

© laranik

교통 체증으로 몸살을 앓는 도심에서 오토바이는 가장 빠른 이동수단이다.

달리기 때문이다(어떤 이유에선지 사람들은 마치 F16 전투기에 쫓기기라도 하듯 오토바이를 몬다). 일방통행로에서 반대 방향으로 역주행하기도 한다. 한눈을 팔다가는 오토바이에 치이니 조심해야 한다. 내 친구 하나는 베트남에 도착한 둘째 날에 사고를 당했다. 다행히 가벼운 찰과상에 그쳤지만 여러분이 이 친구처럼 운이 좋다는 법은 없다. 충돌 사고로 하루나 이틀 병원 신세를 진 친구들도 있다. 항상 조심하는 걸 잊지 말자.

시내 공기가 나쁘다는 문제도 있다. 어떻게 말해야 외교적으로 정중한 표현일지 모르겠지만, 공기 질이 최적은 아니다. 이 책을 쓰는 지금 하노이는 말 그대로 지구상에서 가장 오염도가 높은 대도시다. 적어도 몇 시간 동안은 이 분야에서 영원한 챔피언인 베이징을 따돌렸다. 출퇴근 시간대가 되면 이 도시의 대기는 오토바이와 버스의 배기가스로 가득하다(하노이에 도착하면 무엇보다 먼저 노점상에서 수술용 마스크를 하나 사라). 밤에는 주민들이 배수로에서 쓰레기 더미를 태우기 때문에 매연이 더 심하다.

게다가 마치 온갖 공해를 다 경험하고 싶은 듯 하노이는 소음 공해마저 심각하다. 매일 오후 4시쯤이면 전쟁 때 쓰던 확성기 시스템에서 한 시간에 걸쳐 공익 광고와 애국심을 고취하는 노래들이 요란하게 흘러나온다(가끔은 방송이 두 시간 동안 이어지기도 하니 귀를 틀어막기 위한 헤드폰을 가져가면 좋다). 대체 이 시끄러운 소리가 다 무언가? 지금은 2018년인데 베트남은 인터넷으로 소식을 전하지 않는가?

물론 여기도 인터넷은 있다. 하지만 베트남 관료들은 세계가 왜 그리 월드와이드웹으로 호들갑을 떠는지 이해하지 못한다(어쩌면 지나가는 유행이라고 여기는지도 모른다). 그래서 국민들에게 정보를 전하려면 시끄러운 공공 방송만이 최선이라고 고집하는 것이다. 그렇기 때문에 낮에 기력을 회복하고자 낮잠을 자려면 정말 운이 좋아야 한다.

게다가 자다가 일어나 목이 말라도 수돗물을 그대로 마셔서는 안 된다. 도착한 첫날부터 밤새 호텔 화장실을 들락날락하고 싶지 않다면 말이다. 배앓이에 대해서 말하자면 알아둬야 할 사실이 또 하나 있다. 여러분이 식사 전에 손을 씻었다 해도 음식을 만드는 요리사가 손을 씻지 않았을 확률이 높다는 점이다.

또 여러분이 겉으로 보기에 외국인 티가 난다면 물건의 원래 가격보다 두 배로 바가지를 쓰든가 교묘하게 거스름돈을 덜 받기 쉽다. 그리고 여러분은 꼼꼼히 따지는 성격이어야 할 것이다. 적절한 금융상의 혜택이 주어지지 않을 때 직원들에게 두세 배로 물어봐야 하기 때문이다.

하지만 이렇듯 마음 아프고 깜짝 놀랄 좌절의 경험은 서양인인 내가 베트남의 도시 생활에 젖어들며 이곳을 좋아하게 된 데에 조금은 도움이 되었다. 사실 맨 처음 페이스북에 올렸던 명랑 쾌활했던 게시물은 전부 거짓이었다. 실제로 베트남에 도착한 첫날 밤 나는 반 꾸온(얇은 쌀가루 반죽에 고기와 버섯

베트남에서 보낸 첫날 밤

나는 이 책을 준비하는 과정에서 내가 하노이에 도착한 첫날 적었던 글을 발견했다. 비행기에서 내린 뒤 나와 친구는 문화충격과 시차라는 원투 펀치를 맞아 휘청거리면서도 저녁식사를 하려고 야시장으로 달려갔다.

하노이에서 '야시장'은 일주일에 한 번 열리는 축제를 지칭하는 고유명사다. 매주 금요일, 토요일, 일요일 밤이면 이 도시의 구시가지에 자리한 대여섯 곳의 거리는 교통이 통제되고 노점상들이 티셔츠와 스카프를 비롯해 '베트남에 다녀왔다는 티가 나는' 온갖 기념품들을 판매한다. 여러분은 쇼핑을 해도 되고 식당에서 밖에 내놓은 의자에 앉아 밤공기를 쐬기만 해도 된다.

눈부시게 환한 불빛 속에 지역 주민들이 고함치고 몸을 부딪쳐 오는 야시장은 그야말로 무정부 상태다. 다음은 내가 야시장에서 경험한 바다.

- 택시를 잡아타고 20분 동안 앉아 있었지만 고작 2블록밖에 가지 못했다. 오토바이와 손수레, 사람이 너무 많았다. 교통 법규가 전혀 지켜지지 않았고 그야말로 죽기 싫으면 비키라는 식의 무법천지였다. 다시 야시장에 간다면 절대 택시를 타지 않을 것이다(도심을 통과할 때도 마찬가지겠지만).
- 무척 다양한 음식을 맛볼 수 있다. 개구리 뒷다리, 청경채, 뼈를 바르지 않은 생선 등이다.
- 라이브 밴드의 공연 덕에 야시장 전체가 활기를 띠었다. 하지만 동시에 바로 옆 사람과 대화하는 것도 힘들 정도로 시끄럽다.
- 볼일이 급해도 참는 게 좋다. 야시장 식당의 화장실은 미국 버스 터미널 화장실과 비슷하지만 휴지가 없고 벽장만큼 좁다.
- 맥주 이름에 상상력이 부족하다. 하노이에서 만든 맥주라고 해서인지 이름이 그저 '하노이'다. 몇몇 눈에 띄었던 '사이공' 맥주도 마찬가지다.
- 장점으로 끝을 맺자면, 식사와 택시에 들어가는 비용이 3달러 정도로 저렴하다(1950년대의 물가로 모든 것을 즐길 수 있다).

을 넣어 찐 음식-역주)을 파는 식당의 지저분한 플라스틱 의자에 앉아있었다. 발밑으로는 쥐들이 전화선 굵기의 꼬리를 씰룩이며 뛰어다녔다. 나는 우울한 마음으로 어쩌다가 이곳에 오게 되었는지를 곱씹었다.

물론 여러분이 베트남에 간다면 인상은 완전히 다를지도 모른다. 어쩌면 도착하자마자 즉시 이 나라와 사랑에 빠질 수도 있다.

그렇지만 여러분이 비행기에서 내리자마자 나처럼 문화충격에 빠졌다면 일단 버텨보라. 어느덧 구름은 걷히고(어디까지나 은유적인 표현이다. 스모그가 사라지지는 않으니 말이다) 여러분은 내가 이 장을 시작하며 했던 말이 기억날 것이다. 베트남은 광고 문구에서 선전하듯 멋지고 매력적인 나라다. 낯선 미로를 헤쳐 나가야 하지만 여러분은 극복할 수 있다. 얼마 지나지 않아 소떼 정도는 신경 쓰지도 않는 자신을 발견할 것이다.

사이공의 첫 느낌

나는 수도 하노이에 살기 때문에 스스로 이 도시의 명예시민이라고 여긴다. 하지만 베트남에 오는 많은 사람들은 사이공(호찌민시티)에 들를 것이다. 사이공은 베트남에서 가장 큰 도시이자 전쟁에서 패배한 남베트남공화국의 수도였고(여기에 대해서는 나중에 더 자세히 다루겠다) 베트남의 첫째가는 국제 비즈니스의 전초 기지다.

그래서 여러분을 위해 나는 비행기를 타고 남쪽으로 날아가 정찰 업무를 수행했다. 비행기가 연착되어 오후 5시가 되어서야 버스를 타고 도심에 닿았다. 당시 나는 이 시간대가 되면 파블로프의 개처럼 불안 발작을 겪었다. 하노이에서 오후 5시란 세상의 끝과도 같았다. 엄청난 교통 체증으로 도시 전체가 서서히 멈춰 무시무시하게도 완전히 정지했다. 어디든 한 시간 안에 도착하려면 유일한 방법은 헬리콥터뿐이었다.

사이공 역시 붐비기는 마찬가지였지만 공항버스가 그래도 조금씩 천천히 움직이기는 했다. 그 이유는 이 도시가 하노이에 비하면 최근에 개발되었고 그래서 도로가 더 넓기 때문이다. 공간이 보다 널찍하고 기동성이 있다는 인상이 들었다. 마치 하노이에 머물던 지난 6개월 동안 무의식적으로 익숙해졌던 규모에 대한 감각이 거인의 손아귀에 의해 쭉쭉 늘어난 기분이었다.

사이공에서 만난 식당과 노점상의 다양한 음식 역시 내가 무척 바라던 바였다. 어떤 음식을 시험 삼아 먹어 보든 여러분 역시 마찬가지일 것이다. 전면을 통유리로 장식한 가게와 비싼 식당, 높은 회사 건물들이 즐비하다. 시내에서는 하노이와는 달리 돈의 위력을 느낄 수있다. 국제적인 도시인만큼 인간미가 없다는 느낌도 든다(이곳 사람들은 고작 수십 년 만에 굶주림에서 탈출해 이렇듯 편리하고 멋진 도시를 일궜다).

구글에서 '사이공'으로 이미지 검색을 하면 전부 1구(區) 지역의 사진이 나온다. 영원히 무언가를 기념하고 축하하듯 아름다운 불빛으로 가득한 이곳에는 사이공 강 주변으로 높은 빌딩과 황금빛 건물들이 당당하게 서있다. 사이공은 뉴욕이나 상하이처럼 한 나라의 수도 같은 느낌을 주면서도 실제로는 그렇지 않은(더 이상 수도가 아니다) 도시다. 분명 베트남이지만, 여러분이 북부를 미리 보고 왔다면 이 도시는 마치 별세계의 평행우주 속 베트남처럼 느껴질 것이다.

물론 여러분이 이 도시 한가운데를 벗어나 외곽으로 빠져나오면 사이공 역시 거칠고 어수선한 실제 베트남의 얼굴을 드러낸다. 우리가 이미 알고 있는 무너져가는 보도, 어딘지 수상쩍은 그늘진 골목, 길가에 자리한 오토바이 수리점들이 그것이다.

이 도시에 한 가지 실망스러운 점이 있다면 생맥주 비아허이를 파는 술집을 많이 찾아볼 수 없었다는 것이다(북부에는 이런 저렴한 술집이 흔하다). 그래서 처음 이곳에 도착해 하루 종일 도시를 탐방한 나는 값싸게 한잔 할 가게를 찾기가 조금 힘들었다.

베트남의 수도 하노이와 가장 큰 도시 사이공을 둘 다 경험하지 않고서는 이 나라에 대한 포괄적이고 폭넓은 견해를 형성하기 힘들다. 두 도시는 위아래로 닻을 내려 베트남을 단단히 붙드는 두 개의 추다. 하노이는 베트남의 현재와 과거를 전부 보여주는 아무것도 타지 않은 한 잔의 술이다. 속이지 않고 그대로 대담하게 드러낸다. 그럼 사이공은 어떨까? 북부에 갇혀 지내던 외국인들에게 필요한 해독제 같은 곳이다. 내가 사

사이공인가 호찌민인가?

공식적으로 이 도시의 이름은 호찌민시티다. 하지만 그 이름은 베트남전이 끝나고 승리를 거둔 엘리트 정치인들이 위에서 하달해 바꾼 명칭일 뿐이다. 실제 이곳 주민들은 뭐라고 부를까? 지역 주민들에게 이 질문을 던지자 그들은 놀리듯 웃음을 터뜨렸다. 당연히 사이공이기 때문이다. 이 도시는 1860년대 프랑스 식민지였던 시절부터 사이공이라 불렸다(그 전에는 지어 딘이었다). 이곳 사람들은 사이공에 사는 사이공 인이고 사이공 음식을 먹는다. '사이공'이라는 명칭이 발음하기도 쉽다. '호찌민시티'는 발음할 때 혀가 꼬이는 데다 너무 길다.

© Chansak Joe

호찌민 시청 앞 도로. 도시 이름을 호찌민시티로 바꿨지만
아직도 통일 전 이름인 '사이공'으로 부르는 사람들이 많다.

이공을 첫 관문처럼 활용해 베트남에 점점 익숙해졌더라면 이 나라에 정을 붙여 더욱 좋아했을지도 모른다.

결국 여러분이 무엇을 찾는지에 달린 문제다.

2

베트남이라는 나라

역사는 반복된다.
그리고 역사가들도 스스로를 반복한다.
–필립 게달라, 법정 변호사이자 작가

지리

베트남은 라오스와 캄보디아, 중국과 직접 국경을 맞댄 동남아시아 국가다. 베트남의 동쪽 가장자리는 알파벳 S를 살짝 기울인 모양이며 인도차이나 반도의 일부다.

베트남은 위에서 아래까지 1600킬로미터 넘게 뻗어있어 북부와 남부 기후가 상당한 차이를 보인다.

베트남은 상당 부분이 산간 지대거나 숲이며 또는 두 가지가 섞여있다. 홍강과 메콩강이 가장 큰 두 강인데 남부의 메콩강 삼각주가 북부의 홍강 삼각주보다 더 넓다. 그리고 북부 쪽 절반이 남부에 비해 산이 더 많다.

날씨와 기후

북부 베트남은 사계절이 전부 있지만 겨울은 꽤 온화하다(재킷만으로 충분히 따뜻하게 날 정도다). 반면에 남부는 1년 내내 열대의 태양을 겪으며 계절은 우기와 건기 둘뿐이다.

이 나라에 변함없이 존재하는 상수가 있다면 바로 비다. 영화 〈포레스트 검프〉를 봤다면 베트남에는 우리가 생각하기에 많다 싶은 양보다 훨씬 더 비가 많이 내린다는 사실이 기억날 것이다. 우기는 보통 5월부터 10월까지 지속된다. 비가 이 시기를 정확하게 지키지는 않지만 말이다. 사실 비는 종잡을 수 없이 제멋대로 내린다. 우산을 가져오지 못했다면 현지에서 구입하고, 사는 김에 판초 우비도 하나 사서 오토바이에 챙겨 두면 좋다. 이처럼 비가 끊이지 않고 내리기 때문에 베트남은 주기적으로 급작스런 홍수와 산사태도 겪는다. 도시라면 비교적 안전하겠지만 그래도 아까 낮 동안에는 거리였던 곳이 얕은 강이 되어 그 위를 운전해야 할 일이 생기곤 한다.

그리고 여러분이 충분히 예상하겠지만 앞서 말했다시피 베트남의 겨울은 따뜻한 편이다. 산꼭대기가 아니라면 나라 전체가 아열대 기후라 눈도 내리지 않는다. 가을과 봄 역시 적당히 온화하다.

하지만 역시 여러분의 예상대로 베트남의 여름은 무자비하게 더워서 마치 거대한 용광로 속 같다. 북부 하노이까지 올라가도 여름에는 섭씨 40도를 넘어선다. 이런 날 에어컨을 가동하면 몸은 시원하겠지만 돈이 왕창 깨진다. 나는 6월 전기요

아름다움은 고통

베트남에서 여름에 작열하는 햇볕을 그대로 맞으며 오토바이를 타고 도시를 가로지르다가는 머지않아 엄청나게 힘들어진다. 이런 날에는 티셔츠 한 장으로 족하다. 이 위에 한 겹 더 걸쳤다가는 열사병에 걸릴 것이다. 그렇다면 어째서 여러분 옆에서 도로를 달리는 오토바이 운전자의 절반이 에베레스트산을 등정하는 것처럼 잔뜩 껴입고 있을까?

바로 베트남의 여성들 이야기다. 이들은 햇볕으로부터 피부를 보호하기 위해 엄청난 불편을 기꺼이 감수한다. 아무리 바깥 온도가 높이 올라가도 여성들은 장갑을 끼고 모자 달린 재킷을 입은 뒤 선글라스와 마스크로 얼굴을 덮어 피부가 거의 노출되지 않게 한다. 방호복 업체가 가게를 차린다면 장사가 잘 될 것 같다.

하지만 여러분이 아시아인이거나 아시아에서 조금이라도 살아봤다면 이것이 그렇게 말도 안 되는 이야기는 아니다. 일본과 한국을 비롯해 동남아시아 전역에서 흠 없이 깨끗하고 하얀 얼굴은 몹시 중요하며 여성에게는 특히 더 그렇기 때문이다.

금이 100달러가 넘었다. 집 임대료를 제외하면 어떤 지출보다 훨씬 컸다. 그래서 선풍기를 구입해 집에서 내내 쐬었더니 다음달 전기요금은 반으로 줄었다.

여러분은 오토바이를 타고 베트남을 돌아다니고 싶을 것이다. 그렇다면 내가 해주고 싶은 말은 여름철 야외에서 오토바이를 타며 겪게 될 불편함에 대한 마음의 준비를 해야 한다는 것이다. 머리 위로 내리꽂히는 태양 아래 교통 체증을 겪으면서 주변의 다른 오토바이 엔진에서 뿜어 나오는 열기를 견디다가는 출퇴근길이 인내심의 시험장으로 변할 것이다.

정치지리학

베트남의 넓이는 한반도의 1.5배 정도이며 58개의 성(省)과 5개의 중앙 직할시로 나뉜다. 이 직할시는 하노이, 호찌민시티, 껀터, 다낭, 하이퐁을 비롯한 그 주변이다.

5개의 중앙 직할시는 도시 지역인 구(區)와 시골 지역인 현(縣)으로 나뉘고 다시 방(坊)으로 나뉜다. 성은 현으로 쪼개지며 그 밑으로 시사(市社)가 있다. 베트남의 성에는 각각 인민의회가 있고, 거주민이 선출한 의원들이 인민의회를 이룬다. 중앙정부가 이 지방정부를 이끌면서 5개의 중앙 직할시를 통제한다.

베트남에서 가장 큰 두 도시 하노이와 사이공은 구(군)로 나뉜다. 하노이의 구에는 각각 이름이 있다(예컨대 나는 떠이호 구에 살았다). 반면에 사이공은 무척 넓은 만큼 구도 많아서 몇몇은 이름이 있지만 나머지는 번호가 매겨져있을 뿐이다.

베트남의 주소 체계

베트남의 주소 체계는 조금 복잡하게 느껴질 수 있다. 길을 기준으로 하기 때문이다.

예를 들어 내가 사는 집에 오려면 여러분은 먼저 간선도로를 따라 124번 길에 와야 한다. 그런 다음 더 작은 22번 길로 접어들어 마지막으로 더-더 작은 16번 길에 들어서면 된다. 이것을 어떻게 표기할까? 분수처럼 124/22/16으로 표시한다.

하지만 베트남에서 몇몇 길과 도로에는 표지판이 없어서 주소만 갖고 목적지를 찾아가려면 시간을 넉넉히 잡아야 한다.

해외에서 베트남으로 뭔가를 배송 받으려면 돈이 들더라도 DHL 같은 전문 회사에 맡기는 게 좋다. 베트남 세관에서 샅샅이 뒤지는 바람에 물품이 도착하기는 했지만 일부가 누락되어 왔다는 무시무시한 이야기도 들은 적 있다.

또 다른 방법은 베트남에 방문하는 친구 편으로 필요한 물건을 '들여오는' 것이다. 예컨대 나는 인터넷에서 신발을 산

사이공 구시가지의 아침 골목 풍경.

다음(여러분이 발이 큰 편이라면 베트남에서는 맞는 신발을 절대 찾을 수 없다. 모든 희망을 버려라) 미국에 있는 친구 주소로 물건을 보냈다. 그리고 친구가 베트남에 휴가 여행을 올 때 그것을 가져다주었다.

야생

베트남에 사는 동물의 처지에 대해서라면 여러분이 그렇게 걱정할 일이 없다. 예를 들어 도시에서 지낼 계획이고 쥐를 싫어할 여러분에게 나쁜 소식이 하나 있다. 어딜 가나 쥐가 있다는 점이다. 식당이든 하수구든 쥐가 있고 여러분의 자전거 앞으로도 쥐들이 쏜살같이 휙 지나갈 것이다. 그리고 많은 가정이 마당에서 닭을 키우는데 이 닭들은 해가 뜨기 전에 꼬꼬댁 울기 시작하고 그 소리에 개들이 잠에서 깨어 짖어대면 그 소리에 또 여러분이 잠에서 깬다. 좋은 아침이다!

도시 밖으로 벗어난다 해도 야생동물에 대해서는 그렇게 걱정하지 않아도 된다. 베트남에서는 보통 동물들이 사람을 무서워하지 그 반대가 아니다. 밀렵꾼들이 코뿔소나 코끼리 같은 멸종 위기의 여러 종들을 끊임없이 잡아들이는 중이다.

역사

이 나라가 1960년대와 1970년대에 걸쳐 세계무대에서 꽤 오랫동안 피비린내 나는 단역을 맡은 탓에 우리는 베트남에 대해 약간의 지식을 갖고 있다. 적어도 캄보디아나 라오스보다는 많이 안다. 하지만 베트남의 역사는 '미국에 대한 항전'

에 그치지 않으며 훨씬 더 깊다.

이제 우리는 베트남의 역사를 단거리 경주하듯 빠르게 훑을 예정이다. 여러분이 이 책을 이해하려면 배경지식으로 알아두는 게 좋다.

기원

고고학적인 증거에 따르면 베트남에 처음으로 인류가 거주했던 시기는 50만 년 전으로 거슬러 올라간다. 하지만 우리는 맨 처음으로 쌀을 재배하고 홍강 삼각주 일대를(오늘날 하노이가 자리한) 통나무배로 항해했다고 알려진 동선 문화에 대해 알아볼 것이다. 이들은 청동 북을 주조할 만큼 솜씨가 꽤 좋았는데, 이 청동 북은 북쪽으로는 중국 남부를 포함한 이 지역 전역에서 발견된다.

동선 문화는 기원전 300년경에 나타났다. 이들은 그로부터 1세기 뒤 남쪽으로 밀고 들어오는 중국인 세력에게 정복되었다. 이 중국 세력은 이후로 이곳에 거의 천 년을 머무르며 베트남의 지도자와 관료들에게 중국의 관습과 언어, 문화를 배우라고 강요했다.

중국인들은 이 지역에 머무는 동안 반란을 일으키는 자들을 전부 진압했다(쭝 자매의 반란에 대해 참고삼아 살펴보자). 이렇듯 주기적으로 민란이 일어나는 동안 베트남 남부의 멀리 떨어진 여러 지역은 잠시 캄보디아와 힌디 왕국으로 편입되기도 했다. 그러다가 중국 당나라가 무너진 다음에야 베트남 사람들은 통치 세력에게 큰 일격을 가할 수 있었다. 새로 일어난 반란은 938년에 박당강(江)에서 벌어진 대규모 전투로 극에 달했고 마침내 중국 세력은 돌아갔다.

새로 독립한 베트남은 이후로 크메르족에서 몽골, 중국(다시 쳐들어왔다)에 이르는 외세의 숱한 공격을 연이어 물리쳤다. 이런 일은 근대에 이르기까지 끊임없이 반복되었다. 물론 행운이 언제까지고 이어지지는 않는 법이어서 1400년대 들어서며 베트남은 다시 중국의 지배를 받았다. 그리고 1428년에 마무리된 람선의 반란에 따라 중국 세력은 다시 짐을 싸서 떠났다.

이렇듯 모든 외국 침략자들을 낙담시킨 베트남은 17세기에서 18세기 내내 내분을 겪는다. 길쭉한 베트남의 국토는 이 시기에 사실상 둘로 나뉘었는데, 북부의 귀족 틴은 남부를 다스리며 저항하는 불손한 도당인 응우옌가(家)의 항복을 받아내려 애썼지만 계속 실패했다. 결국 남북 양측은 교착 상태에 도달했고 이후로 베트남은 프랑스가 자신들의 제국에 이 지역을 포함시키려 할 때까지 분열된 채로 남았다.

서양이 들어오다

베트남이 처음으로 특기할 만한 서양의 영향을 받은 사건은 1516년 다낭에 포르투갈 상인들이 상륙했던 일이다. 이들이 가톨릭 신앙을 들여온 이후로 베트남에는 이 종교가 퍼졌다. 그로부터 몇 세기가 지난 뒤에야 베트남의 고위 관료들은 가톨릭교를 유교에 대한 위협으로 인식하기 시작해 선교사와 개종자들을 처형했다. 그러자 프랑스는 이 사건을 꼬투리 삼아 다낭을 비롯한 해안의 몇몇 도시를 공격했다. 베트남에 대한 추잡한 정복이 서서히 시작된 것이다.

곧 프랑스는 베트남이라는 나라 전체를 지배하기에 충분한 힘을 얻었다. 프랑스는 후에의 궁전에 사는 꼭두각시 황제를 마음대로 조종하며 '프랑스령 인도차이나'에 대한 지배력을 유지했다. 2차 대전 동안 일본인들이 이 지역에 가득할 무렵에는 잠시 예외였지만 전쟁이 끝나자 프랑스가 다시 통제권을 쥐었다.

비록 베트남에서 야심차게 기간시설을 개발해가기는 했지지만 프랑스는 식민지 국민들을 그다지 존중하지 않았다. 베트남 노동자들은 제대로 먹지 못한 채 낮은 임금과 높은 세금에 시달렸고 그에 따라 프랑스가 지배하는 내내 마음속에 분노가 부글거렸다. 누군가의 지배를 받는 국민이라면 으레 그렇듯 베트남 사람들은 프랑스로부터 독립해 나라를 되찾기를 바랐다.

20세기는 여러 나라와 제국이 흥망성쇠를 겪었던 전 지구적인 격변의 시대였다. 이런 변화와 혼란의 시기는 베트남에 시의적절한 휴지 기간이 되었다. 그리고 이 때 해외에 살던 꾸옥이라는 이름의 한 남자가 고향 사람들에게 힘을 모으자는 메시지를 던졌다.

이름이 여럿인 남자

꾸옥은 베트남을 떠난 이후로 유럽과 미국 등지를 여행하며 일했다. 1차 대전 이후 프랑스에 거주했던 경험은 특히 그에게 자극을 주었다. 아직 유교식 이름인 탄이라 불리던 시절이었다.

당시 20대 후반이었던 탄은 파리에 기반을 둔 베트남 민족주의자들의 무리에 합류했고 이들은 미국의 독립선언을 본받아 민족 자결주의를 담은 성명을 냈다. 탄은 베르사유 평화회담에서 미국 대표단과 우드로 윌슨 대통령의 주목을 끌어 프랑스의 식민 지배를 끝내는 데 도움을 받고자 했다. 하지만 탄

호찌민 시청 앞에 서있는
7미터짜리 호찌민 동상.

© Jo Panuwat D

은 무시당하고 말았다.

이후 그는 응우옌 아이 꾸옥Nguyen Ai Quoc('애국자 응우옌'이라는 뜻이다)이라 알려졌고 2차 대전이 일어나기 전 러시아에서 마르크스 이론을 공부할 기회를 얻었다. 또 태국과 중국에 살면서 2차 대전에 대비했고 이후로 내내 베트남의 공산주의 운동을 지켜보며 발전시켰다. 이 모든 사실이 의미가 있는 이유는 여러분도 꾸옥에 대해 이미 들어본 적이 있기 때문이다. 태어났을 때의 이름이 응우옌 신 꿍이었던 그는 열 살에 유교식 이름 탄이라 불렸고 1940년부터는 스스로 호찌민이라 불렀다.

'호'는 베트남식 성이고 '찌민'은 '빛과 같은 의지를 갖고'라는 뜻이다. 베트남에서는 어딜 가든 '호 아저씨'의 초상을 볼 수 있다. 벽화를 비롯해 모든 지폐에 그의 모습이 그려져있기 때문이다.

독립을 향한 마지막 일격

1941년은 전쟁이 전 지구적으로 확산되었고 호찌민도 고향으로 돌아온 해였다. 호찌민은 베트남에서 일본의 점령에 대항한 저항 운동을 지휘했다. 비엣민이라는 이름의 이 저항 단체는 미국 전략사무국의 지원을 받았다. 당시 주축군 대 연합군의 전쟁에서 같은 편에 서있었기 때문이다.

그리고 일본이 항복하면서 이 전쟁은 1945년에 막을 내렸다. 하지만 베트남은 통일된 독립국가를 이루기까지는 이후로도 30년에 걸친 피비린내 나는 역사를 거쳐야 했다. 통일된 독립국가가 되는 것은 호찌민의 궁극적인 목표였다. 그러기 위한 호찌민의 방식은 인민의 의지와 애국심에 호소하며 전 국민을 공산주의 규범 아래로 집중시키는 것이었다.

2차 대전이 끝난 뒤 호찌민이 처음으로 거둔 승리가 있다면 비엣민 독립운동을 위해 당시 베트남의 꼭두각시 황제였던 바오다이를 설득해 황위에서 물러나게 한 일이었다. 이로써 사실상 호찌민은 베트남의 운명을 좌우하는 운전석에 앉아도 좋다는 승인을 얻었다. 북베트남의 반공주의 세력 역시 거의 뿌리를 뽑은 호찌민은 이제 임시정부를 세우고 스스로 수반에 올랐다.

1945년 9월, 호찌민은 하노이 바딘 광장에 군중을 모아 베트남이 프랑스로부터 독립했다는 유명한 선언서를 낭독했다. 그리고 동시에 베트남민주공화국(다들 '북베트남'이라 부르는 나라의 정식 명칭이다)이 탄생했음을 선포했다.

그리고 베르사유에서 불행히도 불발에 그쳤던 호소 때와 마찬가지로 호찌민은 미국 국무부에 편지를 보내 새로 생긴 국가를 정식으로 인정하고 지원해달라고 부탁했다. 하지만 이번에도 별다른 반응은 없었다.

그래서 호찌민과 비엣민은 프랑스 문제를 다루기 시작했다. 한 장군이 말했듯 유럽인들이 1945년 후반 들어 옛 식민지로 돌아와 '우리들의 유산을 되돌려 달라고' 주장했기 때문이었다.

하지만 유럽인들은 제대로 그들의 유산을 되찾지는 못했다. 1946년에 프랑스가 하노이를 점령하자 호찌민과 군대는 도망쳤지만 그래도 거의 10년에 걸쳐 끊임없는 게릴라전을 통해 침략자를 괴롭히고 굴욕을 주었다. 이로써 이 지역의 진정한 자주권을 유럽인의 손아귀에서 떼어놓았다. 마침내 비엣민은 1954년 디엔비엔푸 전투에서 승리하면서 프랑스 문제를 해결하는 데 성공했다. 지치고 좌절에 빠진 프랑스에 가한 최후의 일격이었다.

이 전투에서 베트남 군대는 공산주의 동료 국가인 러시아,

중국, 동독이 지원한 무기와 중포병 부대, 고사포를 진흙투성이 산등성이까지 끌어와 디엔비엔푸 계곡에서 요새를 치고 있던 프랑스 군대에 집중포화를 퍼부었다. 이 작전은 자기들이 결코 적이 침입하지 못할 높은 산봉우리로 둘러싸인 계곡에 안전하게 주둔했다고 여겼던 프랑스 군대를 충격에 빠뜨렸다. 이렇게 두 달에 걸친 포위 작전에 시달린 끝에 프랑스는 항복했다.

냉전의 최전선

디엔비엔푸에서 깜짝 놀랄 패배를 당한 프랑스는 베트남 사람들의 의지를 꺾어보려고 하다가 실패를 거둔 수많은 외세의 하나가 되었다. 그리고 프랑스가 마지막도 아니었다. 결코 자기 나라에 가만히 머무르는 법이 없는 미국인들이 인도차이나에 막 세력을 과시하기 시작했던 것이다.

하지만 미국이 모습을 드러내기 전에 제네바 협정이 이뤄졌다. 이 국제 회담은 디엔비엔푸 전투가 끝난 직후에 시작되었다. 제네바 협정의 두 가지 목표가 있다면 하나는 아직 해결되지 않은 한국 전쟁 문제를 논의하는 것이고, 다른 하나는 격동에 휩싸인 베트남의 상황을 정리할 최선책을 찾는 것이었다.

제네바 협정 결과, 프랑스는 북베트남에서 군대를 철수시키고 베트남은 위도 17도 선을 따라 분할하기로 결정되었다. 이 협의 결과는 베트남에 다시 통일 정부를 세울지를 결정하는 투표가 열리기 전까지 지속될 예정이었다.

한반도가 그랬듯 둘로 쪼개진 베트남은 각각 전 세계 패권을 두고 싸우는 미국과 소비에트 연방이라는 초강대국의 원조를 받았다. 소비에트 러시아와 중국의 공산주의 정부는 북베트남을, 미국은 남베트남의 '민주주의' 정권을 지지하고 후원했다. 어째서 민주주의에 따옴표를 했는지는 베트남전과 이 시기 남베트남의 지도자가 된 응오딘지엠에 대한 역사 다큐멘터리를 보면 알 수 있다.

1955년에 지엠은 조작된 국민투표를 통해 정권을 장악하고 스스로 대통령이라 선포했다. 비록 가톨릭교도이자 확고한 반공산주의자였지만 지엠은 자신이 거부한 이데올로기에 따른 독재자처럼 나라를 통치했다. 정치적인 적수들을 감시해 서로 모임을 갖지 못하게 하고 감옥에 가두거나 숙청했다.

그러는 동안 호찌민은 하노이에 돌아왔고 그가 수립한 정부 역시 단단히 권력을 잡기 시작했다. 호찌민 정부 역시 반체제 인사들을 체포해 투옥하고 처형했다. 그리고 호찌민은 지엠에게 이미 열기로 합의했던 전국 단위 투표를 열자고 요청했다. 하지만 호찌민에 비해 인기가 못하다고 여긴 지엠은 그 요청을 거절했다.

결국 호찌민과 비엣민은 기진맥진한 상황이었지만 다시 한 번 총을 들고 이 나라를 통일하기로 결심했다. 1960년 하노이에 민족해방전선(NLF)이 창설되었다. NLF라는 이름을 들어본 적은 없어도 NLF 소속의 군대 이름은 아마 들어보았을 것이다. 바로 베트콩이다. 베트콩 민병대원의 상당수는 예전에 남부에 살던 사람들이었는데 남베트남 군대를 밀어내기 위해 호찌민을 따라 북부로 건너왔다. 정식 명칭이 ARVN(남베트남공화국 군대)인 남베트남의 병력은 곧 북부의 군대에 밀려 설 자리를 잃었다.

1963년 들어 응오딘지엠은 국민들의 신뢰를 잃었고 항의 시위를 잔인하게 탄압하면서 이미지가 더욱 추락했다. 지엠이 북쪽에서 물밀 듯 밀려오는 공산주의자들을 저지할 힘이 있다고 믿는 사람은 아무도 없었다. 무능한 데다 독재자에 가까웠던 지엠은 1963년에 미국 측 지도자인 존 F. 케네디의 지원을 받은 군부 쿠데타에 의해 암살되었다.

우연히도 지엠이 죽고 겨우 3주 뒤에 케네디 역시 암살당했다. 케네디의 뒤를 이은 린든 존슨은 베트남에 처음으로 전투병력을 들인 인물이었다.

베트남전

여러분은 학교에서 이 전쟁에 대해 배웠을 것이다. 서양에서 베트남 전쟁이라 부르는 이 전쟁은 1965년경에 시작되었다. 베트남에 미국 군대 일부가 처음 도착한 해였다. 이때부터 직업 군인으로 이뤄진 북베트남 군대(NVA)가 베트콩 민병대와 함께 남쪽으로 쇄도했고 사이공의 남측 정부는 이제 수명이 얼마 남지 않은 듯 보였다.

미군은 베트남에서 '도미노가' 쓰러지듯 공산주의가 확산되고 영향력이 커지지 않도록 '억제하라'는 지시를 워싱턴으로부터 받았다. 이렇게 할 수 있었던 근거는 통킹만 결의 때문이었는데, 이는 바로 베트남 해안에 머물던 미국 구축함 매독스호의 선원들이 북베트남 어뢰정의 공격을 받았다는 거짓 보고를 듣고 미국 의회가 내놓은 결의였다. 시간이 한참 지나 2005년에 새로 기밀문서에서 해제된 문건에 따르면 이 사건에서 먼저 발포한 것은 매독스호였다. 당시 미국이 베트남 문제에 관여하면서 공식적으로 붙였던 근거가 사실상 거짓으로 드러난 셈이다.

그토록 많은 피를 흘리고 수많은 목숨을 앗아갔지만 베트남

전의 공식 명칭은 '교전'이며 정식으로 전쟁이 선포된 적은 없었다. 남한과 오스트레일리아, 태국, 뉴질랜드, 필리핀 역시 베트남전에 상당한 병력을 투입했다.

호찌민이 러시아에 맹목적으로 빠져든 공산주의의 시종이며 그에 따라 소비에트 연방의 방식을 자기 조국에 도입하고자 필사적으로 애썼다는 이야기는 오해다. 실제로는 나라를 독립시키고자 서양의 도움을 바랐던 호찌민의 간청이 오랫동안 무시되었다. 반면에 소비에트 연방은 호찌민이 싸움을 하는 데 필요한 병력을 기꺼이 제공했다.

나중에 호찌민은 이렇게 말했다. "나를 이끌었던 것은 공산주의라기보다는 애국심이었다." 미군을 침략자이자 '제국주의자'로, 남베트남을 변절한 미군의 부역자로 표현하는 것은 확실히 호찌민이 병력을 모을 때 도움이 되었을 것이다.

마지막 결전

베트남전은 양측이 치고받으며 2차 대전보다도 오래 지속되었다. 이 전쟁이 어떤 과정으로 진행되었는지는 잘 알려져 있다. 먼저 미국은 3년에 걸쳐 북베트남에 폭탄을 투하하는 우레 소리 작전을 수행했다. 그러다가 미국이 공산주의자들의 보급로를 끊고 축 늘어진 남베트남의 사기를 올리려 하는 과정에서 이 작전이 캄보디아와 라오스에까지 영향을 주기에 이르렀다.

미군은 2차 대전보다 족히 두 배는 많은 폭탄을 투하했는데도 결국 목표를 달성하지 못했다. 호찌민의 자취는 이리저리 움직여서 아무리 때려 부숴도 다시 살아나 다른 곳에서 나타났다. 병력과 군수품만 계속 남부로 흘러들 뿐이었다.

그러던 1968년에 북베트남은 미군의 케산 전투 기지를 공격하면서 최대한의 활동을 개시했다. 77일에 거쳐 포위되었던 케산 기지는 베트남전 전체를 통틀어 가장 큰 규모의 전쟁터였다. 그리고 이때 북베트남은 패배해 물러났지만 나중에 밝혀진 바에 따르면 이는 의도된 실패였다. 케산 기지는 단지 북베트남 군대가 정말로 공격하려던 곳으로부터 미군의 눈을 따돌리기 위한 신기루에 지나지 않았다. 이 작전을 구정 대공세라고 한다.

구정은 이 나라에서 가장 중요한 축제가 벌어지는 휴일이다. 북베트남은 이 명절을 틈타 남측을 전면 공격하는 기회로 삼았다(이 상황을 미국식으로 바꾸자면 여러분이 크리스마스 날 아침에 일어났는데 침실 창밖으로 탱크와 군인들이 보이는 셈이다). 휴일에는 휴전한다는 원칙을 깨뜨린 북베트남 군대는 남베트남의 100여 개 목표물을 일제히 공격했다. 미국은 여기에 대응해 초토화 작전을 개시했고 북베트남 군대를 격퇴하기 위해 여러 도시와 마을을 폭격했다. 그 가운데는 민간인들이 아직 집에서 대피하지 못한 곳도 상당수였다.

결국 이 싸움에서 진 쪽은 북베트남이지만 그것은 단지 군사학적 의미에서의 패배였을 뿐이다. 사이공의 미국 대사관 앞뜰을 베트콩이 점령한 장면을 영상으로 본다면 승패에 대한 의견은 달라질 것이다. 이 베트콩들이 6시간 만에 현장에서 사살되었다는 사실도 그렇게 중요하지는 않다. 저녁 뉴스를 보던 미국 유권자들은 이미 적의 공격이 성공을 거뒀다는 증거를 보았다. 다시 말해 패배와 취약성에 대한 이미지가 머릿속에 깊이 박혔을 뿐이다.

구정 대공세는 미군과 남베트남이 공산주의자들의 작전에

베트남전 당시 베트콩의 대피처이자 수송로였던 꾸찌 터널을 관람하는 사람.

사이공의 전쟁 박물관 뜰에 전시된 미군 장비들.

대비하지 못했다는 사실을 증명한, 북베트남의 대단한 심리학적인 승리였다. 이 작전은 베트남전이 전체적으로 어떻게 흘러갔는지를 압축해 알려주는 뛰어난 사례다. 북베트남은 지속적인 패배를 통해 전쟁에서 승리했다. 이들은 승리의 대가를 두려워하지 않았고 계속해서 뛰어들었다.

미라이 대학살 같은 또 다른 홍보와 선전상의 재앙은 말할 것도 없다. 이는 미군이 베트콩을 찾아 말살하겠다는 임무에 실패해 빈손으로 돌아가게 되자 좌절감에 남베트남의 한 마을에서 수백 명을 살상한 사건이다.

1972년 미국의 대통령 리처드 닉슨은 북베트남의 군수 보급로를 목표로 삼아 폭격하는 라인배커 작전을 승인했다. 몇몇 사람들은 라인배커 폭격이 북베트남을 협상 테이블로 이끈 핵심적인 요인이었다고 여긴다. 하지만 이 작전은 상당한 성과를 거뒀는데도 단지 전쟁이 대단원의 막을 내리는 속도를 늦출 뿐이었다. 북베트남 군대는 속도가 느려졌지만 계속해서 남쪽으로 진격했다.

결코 꺾을 수 없을 듯한 적수를 맞은 데다 미국 자국민의 회의론에(순화된 표현이다) 맞서 인기 없는 전쟁을 계속 이끌어가야 했던 미군은 마침내 1973년 파리 협정에 조인하면서 전쟁에서 손을 뗐다. 남베트남의 운명은 이제 스스로의 손에 달렸다.

그러자 북베트남은 평화 협정에서 따라야 하는 휴전 의무를 어기고 남베트남을 포위 공격했다. 더 이상 외국의 도움을 받을 수 없게 된 남베트남은 얼마 못 가 무너졌다. 1975년 4월 30일, 북베트남 사람들이 사이공을 가득 메웠다. 도시가 함락되는 동안 미국 헬리콥터들이 정신없이 군인과 남베트남 사람들을 바닷가에서 기다리는 항공모함까지 실어 날랐다. 정오가 되자 북베트남의 탱크가 내려와 전쟁이 벌어지는 동안 남베트남 정부의 집무실로 쓰였던 통일궁의 입구를 메웠다. 즈엉반민 장군(1963년 응오딘지엠을 몰아내고 남베트남을 손아귀에 넣었던 인물)이 통일궁에 모습을 드러내 북측의 부이틴 대령에게 정식으로 항복했다.

하노이의 바딘 광장에 자리한 호찌민 묘소.

베트남은 1976년 7월 정식으로 재통일되었지만 호찌민은 자신의 위대한 작전이 거둔 결실을 직접 지켜보지는 못했다. 전쟁이 끝나기 6년 전인 1969년에 숨을 거뒀기 때문이다. 이 지도자의 이름을 기리기 위해 사이공은 '호찌민시티'라고 명

독립의 대가

독립은 크나큰 인명의 대가를 요구했다. 남북 양쪽을 합산하면 베트남전을 치르면서 70만에서 160만 명의 베트남 군인과 게릴라가 죽었다. 십자포화로 사망한 수백만 명의 민간인은 이 숫자에 포함되지 않았다. 그에 비해 미국인은 5만 8000명이 사망하는 선에 그쳤다.
하지만 어느 쪽의 사상자 수가 더 많은지를 따지는 일은 베트남전에는 적용되지 않는다. 호찌민은 이렇게 말했다. "당신들이 우리 군인 열 명을 죽이는 동안 우리는 한 명을 죽이겠지만 결국 지쳐서 나가떨어지는 쪽은 당신들일 것이다."
하노이 외곽 마을에 사는 내 동료에 따르면 이웃에 거의 죽을 날이 가까운 할머니 한 분이 사는데 지금 살아있는 자식이 없다. 원래 아들이 여덟 명이나 있었는데 미군과 싸우다가 다 죽었다고 한다.

칭을 바꾸었다. 오늘날 하노이의 바딘 광장에 자리한 호찌민 묘소에 가면 방부 처리를 한 호찌민의 유해가 실내에 누워있다. 이 광장은 한때 호찌민이 베트남의 독립을 선언했던 장소이기도 하다.

재통일과 세계무대 진출

하나의 투쟁이 끝나면 또 다른 투쟁이 시작된다. 승리를 거둔 북베트남은 이제 둘로 분열되었던 나라를 하나로 이어붙이는 기나긴 과정에 돌입했다. 자본주의를 바탕으로 살아온 남쪽 형제들에게 사회주의를 도입하려면 상당한 정치적 탄압이 필요했다. 남베트남 사람들을 집단 처형하는 일은 없었지만(많은 사람이 두려워했던 패전의 대가였다) 그래도 처벌은 어느 정도 이뤄졌다.

이후 10년이 흐르는 동안 100만 명 이상의 남베트남 사람들이 '재교육 캠프'로 보내졌다. 그 가운데는 사업가, 언론인, 정치가를 비롯해 남베트남 체제를 지지했던 미국인 협력자와 지지자들이 포함되었다. 여기서 '교육'이란 오웰 식으로 순화한 표현이다. 수감자들은 끔찍한 환경에서 중노동을 강요받으며 살아야 했다. 이 재교육과 박해, 재배치에 대한 두려움으로 남베트남에는 망명자들이 속출했다. 거의 200만 명에 가까운 '보트 피플'이 배에 몸을 싣고 사회주의 천국에서 도망쳐 어디든 배가 닿는 외국으로 떠나고자 했다.

이렇듯 현대 베트남은 고립주의로 시작되었다. 비록 크메르족이 국경 인접 지역의 베트남 마을을 공격한 것에 대한 보복으로 캄보디아를 공격하기도 했지만 말이다. 베트남은 마치 그들 군대의 전통이기라도 하듯 이 전투에서도 승리를 거뒀다. 그리고 프놈펜에 자리한 캄보디아 정부를 쓰러뜨리고는 그 자리에 친 베트남 정권을 세웠다. 그로부터 얼마 지나지 않아 베트남은 또 다시 침범한 북쪽 중국의 공격도 무력화했다. 총으로 하는 일이라면 베트남은 결코 지지 않았다.

경제 분야에서도 베트남이 이 정도 성공을 거뒀다면 좋았을 것이다. 베트남 경제는 그들 앞을 가로막은 공산주의 중국이라는 장애물에 가로막혀 개발과 성장이 저해되었다. 집산주의와 국가의 하향식 통제가 경제에 파멸적 효과를 일으켰다. 그 결과 걷잡을 수 없을 만큼 역대 어느 때보다 가난해진 베트남은 생존하기 위해 재정 지원을 받아야 했다. 러시아가 연간 수십억 달러를 조금씩 보태주었다.

그리고 1986년에 전후 공산당을 이끌었던 지도자 레주언이 사망한 지 얼마 안 되어 베트남은 소비에트 연방이라는 빅브라더를 따라 그동안 강력하게 쥐고 있었던 시장에 대한 통제력을 느슨히 했다. 물론 여전히 강력하고 자랑스럽게 공산주의를(정치적인 의미에서) 유지하고 있었지만 1990년대 초반 들어 개인 사업을 허용하는 법안이 통과되며 예전 모습을 되찾기 시작했다.

오늘날의 베트남

지난 수십 년 역사를 빠르게 훑어보면 베트남은 오랜 시간 이 나라를 정의하는 특성이었던 혼란과 격동으로부터 태어났다는 사실을 알게 될 것이다. 이 나라에는 현재 인구가 9100만 명이고 중산층이 성장하는 조건을 갖췄다.

베트남은 아직 개발도상국이고 여전히 가난과 싸워야 하는 등 갈 길이 한참 멀다. 하지만 2000년부터 가계 소득이 치솟고 있는 데다 경제성장률이 매년 6~7퍼센트에 이르며 이제 세계무역기구의 회원이기도 하다.

미국은 1994년 적국이었던 베트남에게 30년 동안이나 가해왔던 경제 제재를 풀고 2016년에는 오바마 대통령이 하노이를 방문해 무기 금수 조치까지 중단하겠다고 선언했다. 이것은 크게 봤을 때 밀려들 듯 위협적인 중국을 견제하기 위해 계산된 지정학적인 예비 조치지만, 그래도 미국과 베트남 사이의 외교적 관계가 회복되지 않았다면 이런 선언은 아예 불가능했을 것이다. 오바마의 하노이 방문은 조지 W. 부시, 빌 클린턴에 이어 미국 대통령으로서는 세 번째였다.

이제 외국 사업체들도 베트남에 지사와 분점을 많이 설치하고 있으며 배낭여행객과 국외거주자들이 점점 더 많이 베트남을 찾아 하노이와 사이공의 카페며 클럽에 모인다(2015년에는 약 700만 명이 베트남을 방문했는데 2000년에 비하면 거의 200만 명 늘어난 수치다).

이제 여기서부터 본격적으로 이야기를 시작해보자.

3

베트남 사람들

정상적인 사람이 있다면 당신이 잘 모르는 사람일 뿐이다.

–알프레드 아들러, 철학자이자 정신의학자

서구의 미디어에 소개된 베트남의 모습은 거의 베트남전에서 비롯된다. 뉴스의 일부라든가 〈지옥의 묵시록〉 같은 영화의 한 장면인 식이다. 이런 데서 보는 베트남 사람은 총을 들고 공격을 하거나 전쟁 한복판에서 이도저도 못하는 마을 사람의 이미지다.

하지만 암울했던 시대가 막을 내린 지 이제 수십 년이 지났고 그런 이미지는 더 이상 현실과 부합하지 않는다. 그렇다면 여러분이 베트남에 갔을 때 이웃이 될 베트남 사람들의 지금 모습은 어떠한가? 이 질문에 대한 답은, 조금 진부할지 모르지만 여러분과 똑같은 사람들이라는 것이다.

베트남에 도착한 외국인은 두 가지 유형 중 하나다. 하나는 이 나라에 동화되어서 빠르게 현지 친구들을 사귄 다음 끝없이 베트남 사람들의 후한 접대를 받는 사람들이다. 그리고 다른 하나는 택시 운전사에게 바가지를 쓰고 난 이후로 언제까지고 이 나라를 무법천지라고 비하한다.

베트남은 어떤 나라인가? 외국인을 환대하는 곳인가 아니면 거칠게 대하는 곳인가? 정답은 둘 다이다. 여러분은 놀랄 만큼 따뜻하고 마음이 열린 사람들을 만날 것이다. 또한 동시에 여러분은 현지인에게 사기를 당해 적어도 1달러에서 5달러 정도는 뜯길 것이다. 둘 다 기정사실이다.

베트남 사람들은 여러분과 다를 바 없는 똑같은 동기에 의해 움직인다. 직장 상사는 물론이고 교통 체증과 교통 체증에 시달리며(이건 오탈자가 아니다. 같은 단어를 두 번은 반복해야 할 만큼 심각하다) 쳇바퀴 돌 듯 일상을 반복한다. 이들은 가족에게 최선을 다하고 인생을 즐기고자 한다. 이 나라의 정치와 경제는 많은 인구를 들이부어 유지되는 상자와 같고 사람들도 여기에 맞춰 반응한다. 모든 사람이 각자 최선을 다한다. 나는 불만족스러운 베트남 문화의 별난 측면을 만날 때마다 만약 내가 여기서 태어났더라면 이들과 똑같이 행동했으리라는 사실을 되새긴다.

베트남은 기본적으로 민족이 균질한 국가여서 전체 인구의 85퍼센트가 베트남 민족(킨족. '낀'이라고도 불린다) 출신이다. 그리고 파이그래프의 나머지 작은 조각을 따이, 크메르, 타이, 므엉, 눙, 호아 족이 차지한다. 이런 소수민족들은 대개 큰 도시가 아닌 고산지대나 저지대에 살면서 전통적인 생활양식을 유지한다.

베트남만의 가치

가족 중심주의

베트남 젊은이들은 대학에 진학하느라 떨어져 있는 경우가 아니면 대다수가 가족과 함께 산다. 부모님이 최고의 룸메이트라 생각하기 때문은 아니다. 이 나라의 문화다.

만약 여러분이 24세의 베트남 청년이고 24년 동안 엄한 부모님의 독재 아래 살아왔다면 대체 언제 자기만의 공간을 갖게 될까? 보통은 결혼하면서부터다. 하지만 가끔은 그렇지 않은 경우도 있다. 경제적 사정 때문에 몇몇 신혼부부는 결혼을 한 이후에도 둘 중 한 사람의 부모님 집에 얹혀산다. 일반적으로 말해 물리적으로 가까이 지내는 것과 가족에 대해 헌신하는 마음은 서로 연결되어 있는 법이다.

하지만 무엇이든 탈출구는 있기 마련이고 독립과 자율성을 갈망하는 사람이라면 이런 탈출구를 바랄 것이다. 내가 아는 독신 베트남 친구들은 이런 기본 구조에서 빠져나올 구멍을 찾아냈다. 대도시로 대학 진학을 해 고향을 떠나온 것이다. 그리고 졸업을 하고 나면 재빨리 직장을 찾아 도시에서 계속 살 수밖에 없는 상황을 만든다.

물론 부모님이 그들을 그리워할 것이다. 하지만 좋은 학교와 직장을 다니는 자랑스러운 자식을 굳이 고향에 소환할 부모가 어디 있겠는가?

남부의 사정은 조금 다르다(사람들을 만나볼수록 남부는 거의 북부와는 다른 별개의 국가 같다). 사이공에서는 혼자서 살아가는 독신 젊은이들을 더 많이 만날 수 있다.

만약 여러분이 가족과 같은 도시나 마을에 살지 않는다면 적어도 몇 주에 한 번은 본가를 방문하는 순례 길에 오를 것을 강요받을지 모른다. 하지만 그래도 그 여정이 어느 정도 현실성 있어야 한다. 아무리 베트남 부모라 해도 매주 토요일마다 비행기를 타고 사이공에 왔다가 하노이로 다시 돌아갈 것을 요구하지는 않을 것이다.

체면

베트남 문화의 지뢰밭을 걷다 보면 '체면'이라는 사회학적 개념을 명심하는 것이 좋다. 만약 여러분이 사업차 베트남에 방문했다면 특히 더 그렇다.

체면은 사회적인 통화와도 같아서 개인은 물론이고 팀, 회사, 국가 수준으로 얻거나 잃을 수 있다. 베트남 사람들은 서로의 체면을 세우기 위해 행동하고 다른 사람의 체면을 깎지 않으며 자신의 체면을 지키려 한다.

간단히 말하면 체면이란 타인의 관점에서 봤을 때 품위와 명예, 존경을 얻는 것이다. 어떤 일의 가해자가 자기의 나쁜 짓을 자백하지 않으려 하는 이유도 바로 지금껏 쌓아온 체면을 잃기 때문이다. 누군가를 탓할 때 대상을 지정하지 않는 것도 그런 이유다. 이해가 잘 가지 않는다면 사람들이 죄와 실수

체면에 대한 6가지 수칙

여러분은 똑똑한 사람일 테니 다음 수칙 가운데 몇 가지는 직관적으로 당연할 것이다. 하지만 어쨌든 내가 조사한 바에 따르면 체면을 세우려면 다음과 같이 해야 한다.

- 타인의 실수를 지적해 창피하게 하면(아무리 뻔하고 해로운 실수라도) 그 사람의 체면을 깎는 것이다. 타인이 틀렸다거나 속임수를 저질렀다고 지적하는 것도 마찬가지다.
- 타인의 초대를 거절하는 것도 그 사람의 체면을 깎는 일이다. 타인 또는 그들의 행동을 대놓고 비판하는 것도 비슷한 효과를 낸다.
- 누가 커피나 식사를 대접하겠다고 하는데 거절하면 체면이 떨어진다.
- 공공장소에서 말싸움을 하거나 소리를 지르면 지나가는 사람이 보기에 양쪽 다 체면이 떨어지는 일이다.
- 반대로 타인을 칭찬하면 체면을 세워줄 수 있다. 그 사람에게 맞춘 보다 진실한 칭찬일수록 더 좋다.
- 시간을 들여 다른 사람과 잡담을 하라. 어떤 사람에게 관심이 있다는 것을 보여주면 그 사람의 체면을 세워줄 수 있다. 각자의 체면을 세우면 정중하고 친밀한 관계를 수립할 수 있고 이것은 사업상의 동료가 되는 첫 단계에 핵심적이다.
- 기본적인 공통점이 있다면 무엇일까? 다른 사람에게 창피를 주지 않는 멋진 사람이 되는 것이다.

를 많이 저지르는 불완전한 세상이기에 체면을 세우는 섬세한 사교적 능력이 필요했다고 상상해보라.

체면에 대해 알게 될수록 나는 그것이 습관적으로 진실을 조작하고 조정해 어떻게든 자존심을 지키려는 수단이라고 느꼈다. 나라면 그렇게 하지 않을 테지만 이곳 사람들은 그렇게 한다.

명예의 소중함

다음은 베트남 아이라면 듣게 되는 인생의 정답이자 대본이다. 그렇게 길지 않으니 굳이 기억하려 애쓸 필요도 없다.

- 좋은 성적을 받아 평판이 좋은 학교에 입학하고 거기서도 좋은 성적을 받아라.
- 학교를 졸업하고 좋은 직업을 가진 다음 열심히 일해라.

어딘지 익숙하게 들리는가?

서양을 비롯한 다른 나라에도 분명 이와 비슷한 인생의 단계별 지침이 있다. 하지만 다른 나라에는 그 지침에 반항해 자부심을 갖고 자기만의 길을 걷는 사람들도 많다. 이들은 그 과정에서 파산하거나 크게 실패하면 가족이 아닌 개인의 책임으로 여긴다.

반면에 베트남에서는 가문의 명성을 더 중요하게 여기는 문화가 있어서 가족의 이름에 오점을 남기지 말아야 한다. 부모의 뒤를 계승해 영광을 이어가는 것이 중요하다. 이 일은 조부모까지 거슬러 올라간다. 학교와 직업에서 성공을 거둔다는 가문의 명예를 여러 세대에 걸쳐 흐름이 끊어지지 않게 지켜야 한다. 베트남 젊은이들은 자신의 거취를 결정할 때 가문 전체의 체면을 생각한다. 그리고 어떤 젊은이가 깜박 잊고 가문을 생각하지 않는 행동을 보이면 즉시 주의를 받는다.

베트남에는 자기에게 별로 도움이 되지 않는다는 사실을 알면서도 대학교에 진학해 공부하는 사람들이 있다. 나는 프리랜서로 일하는 한 베트남 여성과 대화를 나눴는데 이 여성은 자신의 대학 공부가 인생에서 불필요한 우회로였다고 생각했다. 그러면 애초에 대학에 갔던 이유는 무엇이었을까?

"우리는 자신을 위해서가 아니라 부모님 체면을 위해 대학에 진학하죠."

긍정적인 측면이 있다면 대학에 진학해도 그다지 큰돈이 들지는 않는다는 점이다. 베트남에서는 공립학교의 1년 학비가 200달러 정도다. 반면에 나는 미국에서 대학을 졸업하는 데 거의 1분에 200달러는 든 것 같다.

사회적 지위

사회적 지위는 베트남에서 또 다른 사회적 통화이며, 지위를 가진 사람들은 존경을 받는다. 그렇다면 사회적 지위는 어떻게 얻을까? 가장 쉬운 방법은 속도가 느리다. 세월을 보내며 나이가 들면 된다. 교육을 잘 받아 학력이 높아도 역시 지위가 높아진다. 하지만 꽤 고등교육을 받아야 하는데, 예전과 달리 학부 졸업장만으로는 충분하지 않다. 베트남의 구직 시장에는 이제 대학 졸업자들이 포화 상태이며, 학력 경쟁에 발맞추기 위해 대학원에 진학하는 사람들이 점점 많아지고 있다. 서양과 비슷한 모습이다.

예전에는 돈이 사회적 지위로 이어지지 않았다. 하지만 지금은 달라졌다. 경제적 성공을 존경하고 높이 평가하며, 동시에 그것을 이루지 못해 억울해하는 사람의 비중이 다른 자본주의 국가와 비슷하다.

한 베트남 친구는 이렇게 말한다. "오늘날에는 돈이 중요해요." 수십 년 전까지만 해도 강경한 공산주의 이상을 고수했던 베트남에 자유 기업 체제가 상륙한 것이다. 사이공에 사는 또 다른 친구는 더 나아가 이렇게 말한다. "요즘은 부자가 멋지죠."

베트남 사람들은 사회적 지위가 높은 사람을 만났을 때 고개를 천천히 끄덕이거나 잠깐 머리를 숙여 존경하는 마음을 표한다. 다른 사람의 집에서 식사를 하는 사교적인 자리에서도 사회적 지위가 가장 높은 사람에게 먼저 인사를 한다. 누가 지위가 가장 높은지 분명하지 않은 경우에는 가장 나이 많은 사람에게 먼저 인사한다.

사회적 유동성

지난 한 세대에 걸쳐 전쟁과 식민지 시대라는 장애물을 넘은 베트남은 미래를 향해 계속 달려가는 중이다. 국가가 점점 발전하면서 국민들의 삶도 나아졌다. 1인당 GDP는 2000년에 들어서며 한 해 평균 6.4퍼센트씩 증가해왔다. 국민들은 열심히 일했고 빈곤의 구렁텅이에 빠진 사람들의 수는 점차 줄어들고 있다.

오늘날 베트남 사업가들 가운데 돈을 많이 번 사람들은 값비싼 핸드백이나 시계를 갖고 다니며 자기가 대단한 사람이라는 상징으로 활용한다. 그것이 연줄을 탄탄히 하고 앞으로 거래를 트는 데 도움이 된다고 여기기 때문이다. 이렇듯 과시적인 소비를 이해할 수 있는 또 다른 이유도 있다. '내가 손발이 닳도록 열심히 일을 했으니 즐기는 것'이라는 것이다.

이들 부유한 사업가들은 나이나 학력이 아닌 사업이라는 수단을 통해 자기 가문의 사회적 지위를 높인다. 베트남 사회에서 이들은 더 이상 변절자라든가 무능한 권력자가 아니다. 다시 말하면 이들은 더 이상 불쾌한 존재가 아니다. 다른 나라들에서와 마찬가지로 이들은 엘리트다. 스타벅스에 다니며 아이패드 프로를 사용하고 다이아몬드 커프스단추를 반짝거린다. 그리고 이들이 모는 페라리는 교통 체증이 심한 도로에서 불만스럽게 부르릉거린다.

하지만 재물의 신에게 간택을 받은 모든 부자들이 이렇게 부를 과시하지는 않는다. 왜 그럴까? 아마도 이곳에 사는 모든 사람이 부자는 아니기 때문일 것이다. 그리고 부자들은 재산을 도둑맞고 싶어 하지 않는다.

엄청난 연장자 우선주의

베트남에서는 지위가 높은 사람이 왕이다. 내가 조사한 바에 따르면 나이든 사람들은 그런 사회적 지위를 누리는 모습을 보인다. 베트남의 나이 든 사람들은 실제 사정과 다른 우월감을 가진 듯하다. 이 점을 증명하는 과학적 연구 결과가 나와도 나는 결코 놀라지 않을 것이다.

내가 가르치는 한 학생은 30대 여성인데 어느 날 어떤 개념을 설명해달라고 요청했고 결국에는 한 베트남 단어를 번역해야 했다. 그래서 열아홉 살짜리 대학생인 내 조교가 도와주러 왔다. 하지만 이 여성은 손을 내저으며 조교를 물리쳤다. 대학생 조교가 해답을 알고 있었지만 자기보다 어린 여성에게 배

폭주하는 할머니 라이더

내가 베트남에서 오토바이를 타고 달리던 중 막다른 골목 앞을 지나칠 때 골목에서 한 나이 든 베트남 여성이 오토바이를 몰며 튀어나온 적이 있다(유용한 팁: 교차로에서는 경적을 울리는 게 좋다. 여러분의 모습이 보이지는 않더라도 들리기는 할 테니 말이다).

이 할머니는 낮은 자세로 럭비 태클을 하듯이 나와 부딪혔다. 우리는 둘 다 갑작스런 재앙과 맞닥뜨려 마구 흔들리며 미끄러졌지만 그래도 나는 브레이크를 잡은 다음 넘어지지 않게 발을 땅에 디뎠다. 할머니 역시 넘어지지 않고 나처럼 오토바이를 똑바로 세웠다(아마도 전에 이런 사고를 종종 겪었기 때문이라고 추측한다).

상대방 오토바이의 타이어가 발목에 닿았기 때문에 나는 피가 살짝 흘러내리는 것을 확인한 다음 사고를 정식으로 처리할 준비를 했다. 무척 당혹스러운 상황이었다. 상대 오토바이는 큰길로 나오면서 속도를 줄이거나 경적을 울리거나 좌우를 살피지 않았다. 상황을 요약하자면 상대 오토바이는 그저 앞뒤 안 보고 돌진했을 뿐이다. 그 과정에서 누군가와 부딪쳤다면 그건 그의 잘못이다.

나는 손을 뒤집어 펼치고 상대방이 미안하다는 표정을 짓거나 뉘우치는 기색을 보이기를 기다렸다. 하지만 반응은 예상 밖이었다. 할머니는 소리를 지르면서 손가락으로 내 가슴을 쿡쿡 찔렀다. 그녀의 관점에서는 이 접촉 사고가 내 잘못이었다.

베트남에서 오토바이를 타려는 사람이 있다면 이런 치킨게임이 벌어질 가능성을 염두에 두자.

동료는 이 사고에 대해 내게 이렇게 말했다. "나이 든 분들은 성격이 괴팍해지곤 하죠. 그런 상황에서는 어쨌든 자기 잘못이라고 얘기한 다음 미안하다고 사과하고 그 자리를 뜨는 게 좋아요."

그러자 내가 겪었던 아찔한 충돌의 순간이 머릿속을 스쳤다.

"그렇군요. 목숨이 붙어 있어야 자리를 뜰 수 있을 텐데 말이죠." 내가 대꾸했다.

우는 것을 받아들일 수 없었던 것이다. 대신 이 여성은 휴대폰으로 검색을 했다.

남자들

이상적으로 말하자면 베트남 남성들은 결혼하기 전에 경제적으로 안정되어야 한다.

베트남은 가족 문제에서 고전적인 전통주의를 지키고 있다. 베트남 남성들은 성장하면서 가족에 헌신해야 한다는 의무를 이어받는다. 그리고 자기 가정을 이끌고 부양해야 한다는 목표를 가진다.

이것이 베트남 사회가 남성에게 기대하는 바다. 그리고 남성은 아내와 자식이 자기가 벌어오는 돈과 그 과정에서 들인 노력을 존중하기를 바란다. 남성은 아내가 가정을 문제없이 원만하게 돌보기를 기대한다. 가정은 베트남 남성이 힘든 노동에서 벗어나 심신을 회복할 수 있는 안식처이기 때문이다.

반면에 일거리를 찾지 못한 남성은 자기가 사회적으로 기대되는 방식으로 가족을 부양하지 못했다는 이유로 좌절에 빠진다. 이런 남성의 상당수는 집에서 쌀로 만든 술인 르어우 데를 마시며 시간을 보내곤 한다. 빈곤 문제를 다루는 NGO에서 일하는 내 친구에 따르면 이런 가난한 집에서는 가정폭력도 기승을 부린다.

여자들

베트남 가족에서 여성의 역할은 가정이 원만하게 돌아가게 하는 것이다(전 세계 대부분 나라가 마찬가지지만). 여성은 남편과 아이를 위해 가정이라는 구조를 떠받드는 프로듀서다. 그뿐만 아니라 베트남 여성들은 노동을 해야 한다. 남성들도 힘들게 일할지 모르지만 아내들도 여기에 못지않게 열심히 일한다.

내 동료는 이렇게 말했다. "베트남에도 전업 주부가 있지만 많지는 않아요. 맞벌이를 하면 훨씬 수입이 좋으니까요."

가정에 제2의 소득이 필요하면 베트남 여성들은 기꺼이 나가서 일을 한다. 베트남의 어느 도시든 몇 블록만 걷다 보면 식당이나 가게 직원들이 거의 다 여성이라는 사실을 알게 된다. 이 여성들은 종업원으로 열심히 일하다가 끝나면 가정으로 돌아가 잔뜩 쌓인 집안일을 한다. 이들 가운데 상당수는 매달 얼마 안 되는 푼돈을 보수로 받는다. 평균적으로 고작 140달러에서 160달러를 절대 넘어서지 않는 돈이다. 하지만 이 소득은 꼭 필요하다. 아이를 키우는 데 드는 경제적 부담이 크기 때문에 많은 여성은 아침 일찍 일어나 저녁까지 열심히 일할 수밖에 없다.

이렇듯 과중한 노동량을 요구하는 상황에 대해 베트남 여성들은 어떻게 생각할까?

한 베트남 친구는 이렇게 말한다. "우리는 일을 하면서 커리

© giannimarchetti

베트남 여성들이 길거리에서 물건을 팔고 있다.

베트남 전통의 대나무 공예품을 만드는 할머니들.
여성의 노동은 베트남 경제를 떠받치는 기둥이다.

어를 쌓고 돈을 버는 걸 좋아하죠."

다른 친구는 이렇게 말한다. "우리가 뒤에 물러서 있지만 권력을 가졌다는 게 좋아요. 남자들이 '왕'이 되려고 한다는 걸 알죠. 우리는 왕의 배후에서 여왕 자리에 있는 게 즐거워요."

배경 설명을 덧붙이자면 베트남 여성들은 결혼할 때 남성의 성을 따르지 않는다. 삶이 어느 방향으로 자신을 이끌든 스스로 정체성을 드러내는 표지를 유지하는 셈이다.

연애와 데이트

살면서 적당한 어느 순간이 오면 베트남의 로미오들은 자기가 누구를 좋아하는지 넌지시 드러낸다. 대개 이런 일은 중·고등학교 시절에 처음 이뤄진다. 내 친구에 따르면 여자아이가 남자아이를 먼저 좋아한다 해도 남자아이가 다가올 때까지 기다려야 한다. 어쩌면 여자아이는 남자아이 쪽에서 확실히 다가올 수 있도록 도움을 주고 격려할 수 있을 것이다.

베트남 사람들의 연애에 대해 내 친구는 이렇게 말한다. "영화를 보면 유럽 남자들은 여자 친구에게 무척 로맨틱하게 대하는 것 같아요. 하지만 베트남의 남자 젊은이들은 상당수가 그렇지 않죠."

데이트는 꽤 단순하다. 젊은 커플들은 영화를 보러 가거나 밖에 나가서 식사를 한다. 외부의 눈으로 보면 이들은 데이트를 하려고 보통의 하루 일정에서 일부러 시간을 내야 하는 것 같다. 방과 후 없는 시간에 어떻게든 따로 짬을 내서 만나지만 청소년 통행금지 시간을 넘어서면 안 된다. 여자 친구의 어머니가 남자 친구를 잘 알고 많이 존중할수록 젊은 커플에게 주어지는 자유는 더 커진다(그렇기 때문에 교제하는 사람의 가족에게 잘 보이는 일은 필수 사항이다). 하지만 베트남 문화는 그래도 보

베트남의 가족과 이혼

내 베트남 친구 중 한 명은 스물다섯 살이고 결혼을 하지 않았는데 어머니가 이혼한 지 얼마 되지 않았다. 이혼은 한때 베트남에서는 상상도 할 수 없던 일이지만 이제는 하나의 선택지가 되었다. 그 과정에서 굳건했던 전통도 얼음이 녹듯 느슨해지고 있다. 친구 어머니는 결혼 생활에 종지부를 찍을지 여부를 두고 골머리를 썩이다가 자식들이 성장하고 둥지를 떠나자 비로소 이혼이 최선이라고 결정을 내렸다고 한다.
친구 어머니는 딸에게 이렇게 말했다. "남편은 그다지 신경 쓰이지 않아. 아이가 문제지."
또 다른 친구 역시 자기 여동생이 결혼 생활에 문제를 겪고 있다고 얘기했다. 그럼 남편과 갈라설 예정인 걸까?
"아직은 아니에요. 일단은 아이가 자랄 때까지 기다릴 거라고 해요." 친구가 말했다. "가정을 단단하게 지키는 게 무엇보다 큰 의무이니 말이죠."

수적인 편이라 길거리에서 공공연히 애정 표현을 하는 커플은 많지 않다.

여러분은 다른 사람의 소개를 받아 모르는 사이에 어색한 데이트를 했던 경험이 있겠지만 베트남에서는 부모가 딸이나 아들에게 반려자를 미리 정해주는 일이 아직 흔하다. 상대는 친구의 자녀인 경우가 많다. 물론 베트남 사람들도 누구와 결혼하고 싶은지를 본인이 선택하지만 부모가 자식의 배우자감을 두고 활발하게 펼치는 로비 활동을 완전히 무시하기는 어렵다.

성소수자들

앞서 언급했듯 베트남에서는 길거리에서 애정 표현을 하는 것이 금기 사항이다(남부보다는 북부에서 더 엄격한 경향이 있다). 그래도 학생 커플인 경우에는 여기저기서 몰래 가볍게 입맞춤을 하거나 서로의 무릎에 앉는 모습을 목격할 수 있다.

하지만 베트남에서 동성 커플이 서로 손을 잡는 모습은 보기 힘들다.

베트남은 성소수자인 LGBT(레즈비언, 게이, 바이섹슈얼, 트랜스젠더의 앞 글자를 딴 용어-역주) 인권에 대해 어떤 관점을 보일까? 대략 1960년대의 미국 사회와 비슷한 정도일까? 베트남 사회가 무척 보수적인 편이라는 점을 고려하면 그 정도 추측이 합당해 보인다.

사실 베트남에서 성소수자 인권 운동은 그동안 조금씩 진전해왔다. 2012년에는 처음으로 자긍심 행진이 열렸고, 2015년에는 동성 결혼을 더 이상 법적으로 금지하지 않게 되었다. 이런 법적 변화는 더 이상 동성애가 베트남 정부 관점에서 성매매나 중독성 마약처럼 '사회악'으로 간주되지 않는다는 사실을 암시한다. 이제는 동성 간의 결혼식도 허용된다. 비록 아직은 국가를 통해 완전히 인정받지는 못하지만 말이다(시민결합과 비슷한 형태다). 그리고 2017년에는 성을 전환하는 일이 법적으로 허용되었다.

베트남에서 이 이슈가 발전하고 진화할 수 있었던 한 가지 이유는 정부 덕분이다. 국회의원들이 무신론자의 입장에 가깝기 때문에 서양의 입법부가 그렇듯 종교적인 고려로부터 자유롭다.

이제 성소수자 인권 운동은 어떻게 해야 베트남에 깊숙이 뿌리박힌 가부장주의 전통의 지지를 얻을 수 있을지를 고민하면 된다. 최근의 법적 진전에도 불구하고 이 작업은 거대한 컨테이너선의 방향을 급히 돌리는 일처럼 어려울 것이다. 젊은 세대의 정서가 어떻든 간에 이들은 아직 과거를 사는 옛 세대(부모 세대)의 요구를 들어주어야 한다. 여러분이 예상하겠지만 베트남에서는 이성애 결혼을 해서 핵가족을 키워가는 일이 여전히 문화적으로 존중받는다. 그래서 베트남 동성애자들은 상당수 이중생활을 한다. 겉으로는 가족이 승인한 결혼을 한 채 몰래 동성 연인과 관계를 이어가고 있다.

하노이와 사이공 같은 대도시에는 적게나마 동성애자들을 위한 가게와 업소가 있다. 사이공이 더 큰 도시인만큼 밤에 찾을 수 있는 업소의 수도 더 많다. 도시에 머무르는 기간이 짧다면 성소수자 전문 여행 회사를 이용하면 좋다(Gay Hanoi Tours, Rainbow Tourism Vietnam 등).

한편 자긍심 행진도 열리고 법도 개정되었지만 현재 베트남

베트남 북부 산간지대에
사는 므엉족의 아이들.

© Jimmy Tran

베트남에서 가장 유명한 여행지인 하롱베이. 유람선을 타고 수백 개의 섬과 카르스트 지형을 감상할 수 있다.

나짱 북부 지역에 있는 뽀나가 참 탑. 9세기에 세워진 참파 왕국의 힌두교 사원으로, 현존하는 참파 유적 중 가장 오래되었다.

KATINAT

프랑스 식민기의 건축물과 오래된 아파트, 첨단 고층 빌딩이 한데 어우러져 독특한 분위기를 자아내는 호찌민시티의 시내 풍경.

© David Bokuchava

자전거 택시를 타고 하노이 구시가지 골목을 누비는 여행자들.

성소수자들은 약 3분의 1이 커밍아웃을 하지 않았다고 추정된다. 모두에게 일어나는 일은 아니지만 동성애자 가운데 일부는 커밍아웃을 했을 때 동료 학생이나 부모에게 폭행을 당한다는 보고가 있다. 이런 일은 보다 보수적인 북부 지역에서 더 빈번하게 일어난다.

내 동료 가운데 한 사람은 하노이에 사는 젊은 남자 동성애자인데 꽤 예전부터 남자 연인과 교제하는 중이었다. 나는 이 동료가 부모에게 커밍아웃을 했는지 궁금했다.

"절대 안 하죠. 부모님이 나더러 여자 친구는 없는지 물어보지만 그럴 때마다 지금은 일에 집중하느라 시간이 없다고 둘러대요." 이 동료는 베트남에 여전히 '끔찍한' 동성애 혐오와 그에 따른 차별이 남아있다고 여긴다.

종교

베트남에는 호찌민에 대한 개인숭배 사상이 약간 존재하기는 하지만 북한에 비하면 그렇게 크지 않고 종교로 불릴 정도는 아니다.

또 베트남에서는 종교적 박해가 있던 다른 공산주의 국가들과도 공통점이 전혀 없다. 1992년의 베트남 헌법 조항에 따르면 다음과 같이 종교 활동의 자유를 보장한다. '모든 종교는 법 앞에서 평등하다.' 즉 여러분이 어떤 종교를 믿는다고 밝히든 이 나라에서는 문제가 되지 않는다.

베트남 사람들은 대부분 어떤 종교도 믿지 않는다. 2014년의 조사 결과에 따르면 전체 인구의 73퍼센트 이상이 무신론자거나 종교가 없다고 밝혔다. 하지만 오해의 소지가 있는 부분은 이 73퍼센트의 인구가 종교가 없다고 보고했지만 떰 지아오tâm giao라고 불리는 종교적 전통을 따른다는 점이다. 떰 지아오는 삼교三教라는 뜻으로 불교, 유교, 도교의 교리를 일상적이고 느슨한 형태로 혼합한 전통이다.

삼교라면 세 개의 종교라는 뜻인가? 그러면 어떻게 그 종교에 입문해야 할까? 교리가 다른 종교의 세 배일까?

간단하게 설명하자면 베트남에는 조상의 기일에 후손들이 조상을 기리는 관습이 있다. 오늘날 베트남 가정에서는 종을 울리고 향을 피우며 망자의 넋을 위해 기도한다.

이런 조상 숭배 관습은 베트남 사람들의 삶에 깊숙이 스며들어서 딱히 종교적 행위로 여겨지지도 않을 정도다. 그만큼 자연스럽고 당연한 일상으로, 미국의 예를 들면 마치 부활절에 각계각층 사람들이 교회에 몰려들어 그야말로 기독교 국가가 되는 문화와 비슷하다. 베트남에서는 대부분 식당과 사무실, 사업장 그리고 거의 모든 가정에 작은 불당이 놓여있다.

음력 7월의 부란절은 내세에 있던 영혼들이 잠시 자유롭게 풀려나 자기들의 원래 집으로 돌아오는 날이다. 하지만 집을 허물고 그 자리에 쇼핑몰을 세웠다면 영혼이 갈 데가 없기 때문에 베트남 가정에서는 이런 길 잃은 영혼들을 위해서도 기도한다.

한편 베트남에서는 오늘날 점성술에 기초한 미신이 설 자리를 많이 잃었어도 완전히 사라지지는 않았다. 중요한 결정을 하거나 결혼 날짜를 잡을 때는 점쟁이를 찾아가 의견을 묻는 일이 아직 흔하다. 나이가 젊은 내 베트남 동료 가운데 약 절반은 초자연적인 현상을 믿는다고 말했다. 유령을 본 적은 없지만 언젠가는 나타날지도 모른다는 것이다.

사이공의 한 불교 사원에서 기도를 올리고 있는 사람들.

사이공에 있는 노트르담 대성당. 19세기에 프랑스 당국이 세운 건축물이다.

이제 베트남 인구 가운데 전통을 고수하는 사람들에 대해 알아보자. 아직 살펴보지 않은 나머지 인구는 대략 여섯 종류의 종교로 나뉜다. 이 가운데 가톨릭, 개신교, 이슬람교에 해당하는 비중을 제외하고 약 200만 명은 1920년대부터 시작된 토착 유일신교인 까오다이교를 믿는다. 그리고 120만 명은 호아하오교 신자다. 호아하오교는 정통 불교에서 작게 갈라져 나온 일파로 사찰에서 불공을 드리거나 의례에 참가하는 것보다는 집에서 각자 기도를 올리고 가난한 사람들을 돕는 것에 더 집중한다.

그래도 베트남에는 불교 신자가 1000만 명이 넘는 만큼 여행하다 보면 길 주변에서 불탑을 심심찮게 마주할 수 있다. 그러니 원하는 만큼 멋

불교 사찰에 가보면 보통 출입구가 있는 앞뜰에 여러 단으로 쌓은 불탑이 있다. 대부분 사찰에 탑이 있기 때문에 영어로 불탑을 뜻하는 'pagoda'와 사찰을 뜻하는 'temple'은 불공을 드리는 장소를 가리킬 때 종종 혼용된다.

진 불탑 사진을 찍을 수 있을 것이다.

또한 베트남의 DNA 속에는 유럽 가톨릭교의 영향이 여기저기 존재한다. 예컨대 남베트남의 대통령이었던 응오딘지엠도 가톨릭 신자였다(그래서인지 불교도들을 박해했다). 베트남에 가톨릭교가 영향을 주었다는 시각적 증거는 사이공의 노트르담 대성당에서도 찾아볼 수 있다. 또 하노이에는 호안끼엠 호수 근처에 성요셉 성당이 있다. 이 성당은 일요일마다 개방해 미사를 여는데 설교를 들으려면 베트남어에 능숙해야 한다.

4

베트남 사회 들여다보기

여행자들은 결코 자기가 외국인이라 생각하는 법이 없다.

–메이슨 쿨리, 작가

두 도시 이야기

나는 베트남 북부 사람과 남부 사람 사이에 적대감이 있다는 말을 듣고 베트남전이 이런 감정에 얼마나 더 부채질을 했는지 궁금했다. 동시에 나는 두 지역 사이에 실제로는 그렇게 반감이 심하지 않을지도 모른다고 생각했다. 어쨌든 이 나라에는 형제 사이에 총구를 겨눠야 했던 기억을 갖고 있는 사람들이 아직 살아있다.

나는 하노이, 사이공 사람들과 수십 번 커피를 마시면서 두 지역 사람들의 정서에 대해 다소 과학적이지 않은 표본을 수집했고 그 결과 약간의 통찰을 얻었다. 물론 예외가 있겠지만 다음은 내가 어느 정도 옹호할 수 있는 일반적인 결론이다.

- 북부 사람들은(알겠지만 전쟁에서 이긴 측이다) 두 지역 사이의 옥신각신한 다툼을 형제 사이에 벌어지는 일이라고 보는 경향이 있다. 이들은 베트남에서 벌어지는 지역 갈등이 단지 길쭉하게 생긴 나라에서 위아래 사이의 거리가 멀어서 생기는 일이라고 여긴다. 거리가 1600킬로미터나 떨어져 있으니(미국 동부 해안 출신으로 익숙한 예를 들자면 대략 뉴욕과 보스턴 사이의 거리다) 문화적으로 크게 다르다는 것이다. 그에 비해 사이공은 전쟁에서 패배한 사람들이 사는 지역이고 강대국 틈바구니에서 지내며 몇 번씩 재편되었다. 이곳 주민들은 보통 이렇게 말한다. "프랑스와 미국이 우리 지역에 멋진 걸 만들

하노이 길거리에서 매일 열리는 아침 시장. 전통적인 베트남 사람들의 오래된 삶을 엿볼 수 있다.

어놓았지. 하지만 공산주의자들이 다 없애버렸어."

- 남부 사람들은(특히 사이공 사람들은) 대도시에 사는 만큼 말을 직선적으로 하는 편이다. 가끔은 무례하게 들릴 정도다. 그에 비해 북부 사람들은 체면을 더 중시하기 때문에 상대방의 심기를 거스르지 않도록 단어를 골라가며 에둘러 말한다.
- 북부 사람들은 좀 더 검소한 편이다. 이들은 부동산이나 집을 사고 가문의 부를 쌓기 위해 돈을 아낀다. 남부 사람들 역시 마찬가지지만 그래도 가끔은 핑계를 대고 지갑을 연다. 너그럽게 돈을 써야 할 때는 쓰고 친구나 친척들에게 멋진 저녁식사를 대접하기도 한다.
- 양쪽 지역 모두 상대편 지역 말투를 즐겨 흉내 내며 놀린다.
- 하노이는 지나치다 싶을 정도로 전통을 중시한다. 이 도시는 베트남이라는 나라의 토대와 훨씬 더 강하게 연결되어 있기 때문이다. 비록 세계화 시대를 맞아 어쩔 수 없이 외국 회사가 어느 정도 들어와 있기는 하지만 그래도 하노이는 가능한 한 베트남의 정체성을 유지한다. 이런 수도에 대해 남부 사람들은 나와 의견이 같다. 하노이는 사이공에 비해 제자리에 머물러 있는 낡은 도시라는 것이다. 사이공의 길거리를 걷다 보면 온갖 금기들을 만난다. 문신과 화려한 생활방식(그리고 여기에 어울리는 대담한 머리 스타일), 미니스커트와 작은 클러치백까지 도시가 수상쩍은 환락가처럼 보인다. 시내로 가면 맥도널드와 버거킹이 무척 많아 여기에 베트남 음식을 파는 가게가 과연 하나라도 있는지 의심스러울 정도다. 그도 그럴 것이 사이공은 프랑스의 지배를 받으며 항구 도시로 발전하는 과정에서 그동안 쭉 외국의 영향을 주입받았다(사이공의 역사는 하노이의 5분의 1에 지나지 않는다). 이런 특성을 두고 북부

사람들은 이전이나 지금이나 사이공이 외국의 앞잡이이자 방콕을 모방한 도시라고 비하한다. 또 정식 명칭을 호찌민시티라고 바꿨는데도 사이공 사람들이 베트남의 정신을 배반하는 일을 거의 멈추지 않았다고도 여긴다.

- 남부 지역에서도 애국자를 많이 찾을 수 있는 건 틀림없다. 하지만 일부 사이공 시민들은 황금색 시청 건물 앞에서 큰 길을 굽어보며 서있는 7.2미터 높이의 호찌민 동상을 보고도 별다른 감흥을 느끼지 못한다. 이들은 보통 전쟁에 승리했던 공산당 엘리트들이 도시에 붙인 여러 명칭을 거부하며 자기들의 고향을 계속 사이공이라 부른다. 하지만 이곳의 시민들도 북부가 최종적으로 승리를 거뒀다는 역사를 받아들이기는 한다. 사이공 사람인 내 친구 한 명은 이렇게 말한다. "우리는 서로 달라요. 그래도 서로를 존중하죠. 우리는 저항하고 투쟁하는 데 지쳤고 앞으로 다시는 그걸 하지 않을 거예요."

현대 베트남을 상징하는 호찌민시티의 야경. 베트남에서 가장 크고 화려한 도시다.

도시 사람들은 시골 지역에 사는 동포에 대해 정직하고 흥미로우며 세상의 소금처럼 선량하다고 생각한다. 놀라운 일은 아니다.

내가 직접 여행을 다녀보니 그 말에 동의할 수 있다. 하지만 이곳 사람들은 영어가 잘 통하는 편이 아니라서 이방인에게 호의를 가졌다 해도 제한적으로 드러난다. 여러분이 이 나라에 머무는 동안 베트남어를 열심히 배우지 않는 한 현지인들과 서로 미소를 나누는 이상의 소통을 하기는 힘들다.

지역 차이에 대해 베트남 친구 하나는 이렇게 말했다. "도시 사람들은 냉정하고 시골 사람들은 마음이 따뜻한 편이죠. 다른 나라들과 똑같아요."

별난 버릇과 특징

여러분이 어느 나라에 가든 미리 알아야 할 그 나라 사람들의 별난 특징이 있는 법이다. 다음 몇 가지를 알아두면 당황하지 않을 것이다.

- 점에 난 털: 베트남 사람들은 점에 털이 자라면 운이 좋아진다고 생각해 계속 기른다. 가끔은 얼굴이나 목에서 긴 털 다발이 자라 나오기도 한다.
- 재채기와 기침: 베트남 사람들은 재채기를 할 때 손으로 입을 가리지 않는다.
- 침 뱉기: 담배 피우는 사람들이 아무 곳에나 가래침을 뱉어도 허용되는 분위기다.
- 새끼손가락 손톱: 몇몇 남자들은 손가락을 세심하게 다듬는다. 특히 마치 울버린처럼 새끼손가락을 길게 기르기도 한다. 이렇게 하는 이유는 여러 가지가 있는데 사회적 지위를 과시하기 위해서라는 설도 있고 부유한 사람들이 손톱을 기른다고 여기기 때문이라는 설도 있다. 단순히 코를 쉽게 파기 위해서라는 이야기도 있지만 말이다.

반면에 이렇게 말하는 사람도 있다. "시골 사람들은 속이 좁고 과거에 갇혀 살아요."

꽤 익숙하게 들리는 얘기다. 내가 뉴햄프셔에 살 때도 앨라배마와 인근 지역 사람들에 대해 이처럼 성급한 일반화를 하는 사람들이 있었다(그 지역에 가본 적도 없으면서).

외국인을 바라보는 시선

도시에 사는 베트남 사람들은 외국인에 익숙하다. 지난 몇 세기 동안 외국인들을 흔하게 접했기 때문이다. 베트남 사람들은 외국인을 보고도 아무렇지 않은 척 내버려둔다. 하지만 동시에 술집에서 여러분을 마주치면 테이블에 다가와 말을 걸지도 모른다.

베트남 사람들이 보기에 외국인은 불시착한 외계인에 가깝다. 그만큼 호기심을 자극하는 것이다(어쩌면 여러분에게 다가오는 이유가 영어 회화를 연습하고 싶어서일지도 모르지만).

물론 어딜 가든 천사처럼 좋은 사람이 있고 보통 사람도 있으며 악당도 있다. 베트남 전체를 통틀어 내가 만났던 사람들은 다정하고 쾌활한 성격이었다. 오토바이 사고처럼 안 좋은 사건에 휘말린 적은 얼마 되지 않았다.

사이공의 관광 특구에서는 여러분이 물건이라도 사지 않는 한 현지인들의 눈길을 끌지도 못한다. 이곳을 방문한 내 친구들은 사람들에게 도움을 청하거나 길을 물어도 심드렁하게 무시당했다고 토로했다. 여러분은 이런 측면을 무례하다고 생각할지도 모르지만 어떻게 보면 효율을 추구한다고 볼 수도 있다. 하루하루 사는 것도 바쁜 사람들이기 때문에 눈앞에 닥친

돈에 대한 관점

한번은 내가 직장에서 퇴근하는 길에 동네 구멍가게에서 물을 한 주전자 샀다. 돈을 내려는 순간 가게 주인이 내 주머니에 꽂힌 지폐를 봤는데 주급으로 받은 돈이었다. 주인은 이렇게 말했다. "와, 당신 부자군요!"

나는 가게 주인의 말을 바로잡으려 했지만 어쩌면 그렇게 하는 것이 모욕적일 수도 있다는 사실을 깨달았다. 그의 관점에서 보면 나는 부자이기 때문이다.

그리고 베트남 현지인들도 이 사실을 알고 있다. 그래서 이들은 경제적인 이유로 외국인들에게 사기를 친다. 한 베트남 친구는 이렇게 말했다. "베트남 사람들은 상당수 외국인과 의사소통을 할 수 없어요. 하지만 자기에게 이득이 되기 때문에 언어를 배우려고 하죠. 외국인을 걸어 다니는 ATM으로 여기니까요."

이 친구가 들려준 얘기에 따르면 한번은 미국인들과 저녁식사를 한 적이 있었다. 식사를 마치고 계산서가 왔는데 미국인들은 이 베트남 친구와 같은 메뉴를 먹었는데도 1만 동을 더 청구받았다. 미국인들은 이 사실을 몰랐지만 친구가 알아차리고 종업원에게 얘기했다. 그러자 식당 종업원은 이렇게 답했다. "저 미국인들이 당신보다 더 많이 먹었잖아요."

일에만 집중할 뿐이기 때문이다.

그리고 가끔은 원하지 않는 도움을 주기도 하는데 이럴 때는 돈을 요구하는 경우가 많다. 한번은 한 베트남 여성이 내 친구들에게 다가와 호스텔을 찾도록 도와줬다. 호스텔까지 안내를 한 뒤에 이 여성은 2만 동을 요구하고는 줄 때까지 로비를 떠나지 않았다. 이런 것이 베트남 사람들의 야수 같은 측면이다. 그저 일상적인 만남이라고 생각했는데 사실은 처음부터 금전을 염두에 둔 접근이었던 것이다.

방 안의 코끼리

내가 미국인이기 때문에 베트남에 왔을 때 머릿속에 떠오르는 걱정거리가 하나 있다. 40년 전까지만 해도 서로 총구를 겨누던 적국이기 때문이다. 반대로 생각해보자. 여러분은 40년 전에 고향땅을 짓밟았던 나라의 사람들을 과연 어떻게 대할 것인가?

하지만 내가 미국에서 왔다는 사실을 밝혀도 베트남 사람들은 주저하는 기색을 보이거나 적개심을 드러내지 않았다. 대화는 문제없이 진행되었다. 어쩌면 베트남이 전쟁에서 이겼기 때문인지도 모른다. 지금 시점에서 베트남 사람들이 미국인에게 가진 감정은 미국인들이 독일인에게 갖고 있는 감정과 비슷한 정도다.

오늘날 베트남이라는 나라는 통일을 이뤘고 외세로부터 자랑스럽게 독립했으며 전쟁의 기억은 하루가 갈수록 옅어지고 있다. 내 베트남 친구에 따르면 전쟁에 따른 적개심이 상대적으로 강한 곳은 시골 지역이다. 더 구체적으로 말하면 시골의 나이 든 사람들은 여전히 외국인에 대한 불신이 강해 '거짓말쟁이'라든가 '믿을 만하지 못하다'고 여긴다.

한 젊은이는 내게 이렇게 말했다. "우리도 역사적인 사실을 알지만 다 지난 일이잖아요. 당신이 우리에게 해코지를 한 건 아니죠."

인종주의

베트남 역사를 살펴보면 인종 차별주의의 사례들을 여럿 발견할 수 있다.

예컨대 내가 베트남 친구들에게 물어본 결과 중국인에 대해 편견을 가진 경우가 몇몇 있었다. 베트남과 중국은 오랜 세월 역사가 서로 얽히면서 가끔은 폭력 사태로도 번졌다. 최근에

스쿠터 주차 사건

내가 베트남에서 반박의 여지없는 인종 차별을 겪은 적이 딱 한 번 있다. 나는 친구와 하노이 야시장에 가서 스쿠터를 세울 자리를 찾고 있었다. 인파가 북적이는 곳이라 사람들은 인도에 오토바이를 세우도록 하고 하룻밤에 무려 1만~2만 동이라는 비싼 주차료를 받았다. 나도 도로 경계석 위에 스쿠터를 세운 다음 헬멧을 벗고 있는데 담당자가 오더니 손짓을 하며 나를 나가게 했다. 할 수 없이 나는 시동을 다시 켜서 다른 곳으로 갔다. 하지만 친구는 이미 주차를 마친 뒤였다.

그래서 나는 2만 동을 보이며 담당자에게 왜 나는 안 되냐고 따졌다. 담당자는 픽 웃으며 나를 무시하고는 다시 나가라고 쫓아냈다. 내가 그 자리에 주차할 수 없었던 이유는 명백히 백인이기 때문이었다. 내 친구는 인도네시아인이었기 때문에 아마 담당자가 현지인이라 여겼을 것이다. 나는 화가 더 치솟기 전에 자리를 떠났다.

하지만 이 사건이 베트남 사람들에 대해 말해주는 바가 있을까? 사실 그렇지 않다. 나는 예외적으로 못된 사람을 만났을 뿐이다.

는 남중국해를 두고 적대감을 보인다.

베트남 사람과 결혼하려는 외국인이 있다면 베트남 부모들이 그 소식을 별로 좋아하지 않는다는 사실을 알아두는 게 좋다. 내 베트남 친구 하나는 지난 몇 년 동안 외국인 남자들을 사귀었지만 부모에게는 절대 소개시키지 못했다고 한다.

이처럼 베트남 사람들은 민족의 동질성을 중시한다. 베트남전이 끝나고 미국인과 베트남 사람 사이에 생긴 혼혈아들이 얼마나 힘들게 지냈는지를 보면 알 수 있다.

기념행사

생일

베트남에서 생일 행사는 보통 간소하다. 친구나 가족끼리 식사하고 케이크를 나눠 먹으며 선물을 주고받는 것이 전부다. 예외적인 경우도 있다. 예컨대 소득이 상대적으로 적은 시골 지역에서는 생일잔치 자체가 일종의 사치다. 누군가의 생일을 기념한다는 생각 자체가 이들에게는 외국에서 온 문화다. 시골에서 하노이로 이사 온 내 친구 하나는 고향에 계신 아버지가 자기 생일을 모른다고 할 정도다.

전통적인 약혼

앞서 살폈던 베트남 청소년들의 부끄러움 많은 데이트를 생각해보면 약혼식 역시 그렇게 거창하지는 않으리라 유추할 수 있을 것이다. 실제로 그렇다. 대부분의 베트남 부부는 개인적으로 약혼을 하며 프러포즈는 형식적인 절차라고 여긴다. 그리고 프러포즈 전에 이미 양가 부모님이 이리저리 조언하고 의논을 마친 상태다.

베트남 사람들이 약혼에서 결혼하기까지는 약 3개월이 걸린다. 미국 웨딩플래너들이 대경실색할 만큼 빠른 속도다. 원래는 약혼반지도 없었지만 전쟁을 거치며 서구의 영향을 받아 최근 20대들은 달라졌다. 젊은 남성들은 아버지 세대에는 없던 새로운 지출이 생겨 탐탁지 않게 여기기도 하지만 말이다.

하노이 도심에 가면 언제든 약혼한 커플들이 검은 양복과 흰 가운 차림으로 루이뷔통 점포 앞에서 웨딩 사진을 찍는다. 커플의 가까운 친구라면 '안호이an hoi' 또는 '레딘혼le dinh hon'이라 불리는 약혼식 파티에 초대받는다. 서양과 마찬가지로 베트남에서도 안호이는 결혼식 하루 이틀 전에 열린다. 멀리서 온 친척들이 두 번 걸음을 하지 않도록 하기 위해서다. 신부 집에서 하는 이 파티에 초대받으면 옷을 갖춰 입고 현금을 선물로 줘야 한다.

양가 가족이 일단 소개를 받고 나면 신랑 가족은 약간의 선물을 주며 다 함께 식사를 한 다음 차를 마신다. 그 다음 신랑 가족의 대표가 일어나 신부 부모에게 정식으로 청혼한다.

내가 보기에는 이 절차가 약간 시대에 뒤떨어진 것 같다. 물론 오늘날의 베트남 젊은이들은 이처럼 오래 묵은 관습을 탈피하는 중이다. 하지만 여전히 부모 세대의 전통은 강한 영향력을 떨치고 있다.

결혼식

결혼식 당일에는 부부에게 붉은 종이로 싼 선물이 전달된다. 그 다음 반지를 교환하고 신부 가족 앞에서 기도를 드린다(가까운 가족들만 참여하는 사적인 의식이다). 여기까지 끝나면 신랑과 신부는 피로연장에 가서 하객들을 만나고 6~10가지 코스요리를 즐긴다. 여러분이 앞선 의식에 초대받지 못했다면 이 자리에서 신랑과 신부를 처음 만나게 된다.

베트남 사람들에게는 결혼식 날짜가 무척 중요하다. 언제 결혼을 하고 식을 어떤 일정으로 진행할지 점쟁이에게 물어볼 정도다. 그리고 안호이를 신부 가족이 맡았다면 결혼 피로연은 대개 신랑 가족이 책임진다. 결혼식을 도시에서 한다면 호텔이 피로연장이 되기 쉽다. 재력이 있는 가족은 고급스러운 장소를 택한다. 그리고 여러분이 운이 좋다면 무척 화려한 밤을 보낼 수도 있다. 내 친구는 결혼식에 갔다가 레이저쇼와 연기를 뿜는 기계에 래퍼 두 명이 가세한 광란의 파티를 즐겼다.

신혼여행은 아직 베트남에서 보편적이지는 않다. 대신에 베트남 신혼부부들은 조금 김빠지게 고향 집으로 돌아가 3~4일을 머문다. 이렇게 하는 이유는 신혼집에 들어갈 가장 길한 날짜를 기다리기 위해서다. 결혼식 날짜만큼이나 새 집에 들어가는 날짜도 점쟁이에게 물어볼 만큼 중요하다.

결혼식에 갈 때는 아무리 갖춰 입어도 지나치지 않은 법이다. 내 친구는 이렇게 말했다. "결혼식에 가려면 가능한 한 가장 정장에 가까운 차림을 해야 돼요. 하지만 여성이라면 흰색 옷은 피하세요. 그 색은 신부의 색깔이니까요."

© Angelo Cordeschi

베트남 전통의상을 입은 신랑 신부의 모습.

적정한 축의금 액수

정해진 액수는 없지만 암묵적인 규칙은 있다.

- 혼자서 예식에 참석했다면 10만~30만 동(5~15달러)
- 가족과 함께 참석했다면 50만~100만 동(23~46달러)
- 신랑이나 신부와 친하다면 감당할 수 있는 범위 안에서 액수는 무제한

피로연장에 가면 하트 모양 상자가 있는데 여기에 축의금이 든 봉투를 넣는다. 신랑이나 신부와 친하다면 그들의 부모님께 직접 전해도 된다.

장례식

여러분이 어느 날 이웃집에서 다소 음정이 맞지 않는 장중한 베트남 민속음악을 듣게 된다면 아마 장례식 중일 확률이 높다. 서양과 마찬가지로 베트남에서도 장례식은 상당 부분 공동체의 일이다. 내가 목격한 장례식에서는 동네 술집을 장례식장으로 빌려서 사용했고 이틀에 걸쳐 하얀색 천막으로 길목을 막았다. 천막 안에는 제단과 큼지막한 꽃다발, 고인의 커다란 영정을 둘러싸고 플라스틱 의자가 줄지어 놓였다. 그리고 스피커에서는 쓸쓸한 느낌의 노래가 계속해서 큰 소리로 흘러나와 며칠 동안 골목을 수심에 빠트렸다.

여기까지는 겉으로 보이는 인상이다. 여러분이 베트남 가정의 장례식 자리에 초대받으면 가족의 생활공간 한복판에 관이 놓여있을 것이다. 손님들은 관을 지나쳐 향을 피운 다음 기도를 드린다. 검은색 옷을 꼭 입어야 하는 것은 아니지만 밝은 색 옷은 피해야 한다.

결혼식과 장례식은 몇 가지 공통점이 있다. 장례식에 갈 때도 가족들이 힘든 일을 치르는 데 도움이 되라고 돈을 보태주

기 때문이다. 액수는 얼마가 적당할까? 결혼식 축의금과 같은 기준을 따르면 된다. 장례식을 치르는 집에 가보면 향을 피우는 탁자가 있는데 여기에 돈 봉투를 두면 된다(결혼식과는 달리 봉투 색은 상관없다). 아니면 유족에게 직접 건네도 된다. 닭과 찹쌀을 재료로 한 식사를 대접받을 것이다.

베트남 가정 방문하기

여러분이 베트남 동료의 집에 저녁식사 초대를 받았다고 상상해보자. 걱정할 필요는 없다. 손님이라면 제 시간에 도착해 사람들과 어울리고 음식을 먹으면 된다. 초대한 주인이 여러분을 호의로 대할 것이다.

내 베트남 친구에 따르면 이런 날 손님이 음식을 가져가는 것은 모욕으로 여겨진다. 주인이 손님을 대접할 능력이 없거나 손님이 주인의 요리 실력을 믿지 못한다는 뜻으로 받아들이기 때문이다. 예외가 있다면 빵이나 사과, 바나나, 오렌지 같은 과일이다. 이 정도 선물은 저녁식사를 대체하려는 음식으로 보이진 않으니 괜찮다.

술 역시 완전히 다른 문제다. 너무 저렴하거나 호화롭지 않은 적당한 가격대의 위스키는 방문하는 집의 남성에게 좋은 선물이 된다.

꽃을 가져가도 나쁘지 않지만 의무 사항은 아니다. 난초든 데이지든 백합이든, 장미를 제외하고 아무 꽃이나 꽃다발로 묶어서 선물하면 된다(베트남에서 장미는 연인들끼리 선물하는 꽃이다).

식사

나는 처음에 베트남 사람들이 바닥에 앉아 식사를 할 것이라 생각했지만 사실 이들은 평범한 식탁을 쓴다. 사용할 접시는 식사 전에 전부 식탁에 늘어놓는다. 식사 자리에 초대한 주인이 손님의 자리를 알려줄 것이다. 사람들이 식탁에 앉는 위치는 나이, 사회적 지위와 관련이 많다. 그 자리에서 가장 나이 많은 사람이 식사를 시작할 때까지 기다리는 게 좋다.

본격적으로 식사가 시작되면 마음껏 먹되 어떤 접시의 음식을 너무 많이 먹거나 너무 적게 먹지 않도록 조절해야 한다. 다른 사람의 접시에 음식을 가져다주는 건 호의의 표시다(개인 젓가락이 아닌 공동 집기를 사용하자!). 어떤 접시의 음식을 싹쓸이하지 않으려 애쓰면서도 주인의 요리 실력을 칭찬해야 하니 조금은 모순처럼 보일 것이다. 친하지 않은 사이라면 마지막 남은 분량을 가져가지 않는 게 좋지만 친구 사이라면 상관없다.

그리고 일단 음식을 자기 접시에 덜어왔다면 반드시 다 먹어야 한다. 음식을 남기면 주인에게 고마워하지 않는 것처럼 비친다.

선물 주고받기

베트남 사람들은 대개 마음씨가 좋고 선물을 받으면 고마워한다. 베트남에는 선물을 주는 사람과 받는 사람이 둘 다 좋은 업보를 쌓는다는 믿음이 있다. 그래서 베트남 사람들은 생일이든 기념일이든 구정 전날이든 언제나 선물을 주고받는다. 여행을 갔다 온 사람도 주변 사람들에게 선물을 주고 가끔은 아무 이유 없이 선물을 나눈다.

> 베트남 사람에게 선물을 줄 때는 검은 종이로 포장하면 안 된다. 죽음과 장례식을 연상시키기 때문이다. 그 대신 붉은색이나 푸른색 포장지가 좋다. 만약 여러분이 마음에 드는 사람에게 구애하려고 선물을 준다면 보라색 포장지가 알맞다.

만약 여러분이 베트남 현지인과 함께 일하거나 공부하게 된다면 사람들로부터 계속 선물을 받을 것이다. 선물을 받으면 그 자리에서 열어도 되는지 물어보자. 음식 선물이라면 그 앞에서 한입 맛을 보는 게 좋다.

당신도 여행을 다녀오면 베트남 동료들에게 작은 선물을 주도록 하라. 사탕이나 초콜릿 같은 외국 과자라든지 베트남 가게에서 구할 수 없는 물품이 좋다. 티백이나 갈아 놓은 원두커피, 비누도 좋다.

나는 자기중심적인 성격의 서양인이라 베트남 사람들처럼 배려가 깊지는 않았다. 미국에서 살 때는 크리스마스 때 주변 사람들에게 상품권을 주는 정도가 최고의 호의였다. 그런데 하노이에 살 때 한 번은 매일 마주치던 바리스타와 잡담을 나누다 내가 얼마 전 다낭에 다녀왔다는 얘기를 하게 되었다. 그러자 그는 웃으며 이렇게 말했다. “내 선물은 어디 있어요?” 나는 진짜로 농담인 줄로만 알았다. 하지만 베트남 사람들에게는 농담이 아니다. 내가 가르치던 학생들도 여행을 다녀올 때마다 내게 먹을 것을 선물로 사다 주곤 했다. 문화적 차이를 좀 더 빨리 알아차렸더라면 좋았을 뻔했다.

5

베트남에서 살아보기

은둔자란 단지 문명 자체가 적응하는 데 실패한 사람이다.

–윌 커피, 저널리스트

도착

베트남 여행 기간이 15일 이내라면 무비자 입국이 가능하다. 그 이상 여행하거나 베트남 출국 후 재방문할 때는 30일, 90일 비자가 필요하다. 베트남 이민국 홈페이지에서 비자를 직접 신청할 수 있다.

취업허가증

만약 여러분이 베트남에 일하러 왔다면 회사에서 취업허가증을 받도록 도와줄 것이다. 취업허가증은 3년 동안 유효하며 3년 뒤에는 갱신할 수 있다. 이때는 여러분이 다니는 회사가 장기간 여러분을 필요로 한다는 사실을 증명하는 문서가 필요하다.

베트남에 입국하기 전에 대사관을 통해 취업허가증을 얻는 것도 가능하다. 아니면 입국 후에 신청해도 된다. 그렇게 하려면 일단 여행 비자를 통해 베트남에 들어온 다음 가까운 노동부 사무실에 가서 신청서를 제출해야 한다. 베트남 정부에 따르면 신청서를 낸 후 10일 이내에 허가를 받을 수 있다고 하지만 외국인은 한 달을 기다려야 할 수도 있다.

다만 고용주에게 여러분이 취업허가증이 필요한지 물어보는 게 좋다. 최근의 정부 법령에 따르면 특정 분야 학사 학위가 있거나 현장 경력이 3년 이상이면 취업허가증 없이도 외국인이 베트남에서 일을 할 수 있다.

취업허가증 받기

취업허가증을 받으려는 외국인은 다음 조건을 만족해야 한다.

- 18세 이상일 것
- 일하기에 문제없는 육체를 가질 것
- '베트남 노동 시장에서 구할 수 없는 기술이나 커리어'를 보유할 것
- 신원 조사를 통과할 것

필요한 서류는 다음과 같지만 더 많은 서류를 요구받을 수도 있다.

- 고국에서 신원을 보장하는 서류(내 경우는 FBI에서 받았다)
- 건강 검진서(베트남의 공인된 병원에서 받을 수 있다)
- 학위증, 자격증, 면허 사본
- 고용주의 사업자 등록증
- 고용 계약서
- 여권 사진 한두 장
- 여권 사본

가능하면 여러분의 고국에서 관련이 있을 만한 서류에 대한 사본을 전부 가져오는 게 좋다. 자세한 최신 정보를 접하려면 베트남 외무부 홈페이지(http://visa.mofa.gov/vn)에 들어가자. 물론 베트남어로 되어 있지만 설정을 영어로 바꿀 수 있다. 여러분 고국의 베트남 대사관 홈페이지에 들어가도 된다.

하지만 여러분이 나처럼 여기저기 떠돌아다니며 일하는 사람이라면 여행 비자를 받아야 한다. 베트남 대사관이나 비자 발급 대행업체를 통해 받을 수 있다.

도착 후 비자를 받는 절차

웹사이트를 통해 여권 관련 업무를 볼 수도 있다. 온라인이라니 믿음직하지 않게 느껴질 수도 있지만 실제로 가능하다. 단지 트립어드바이저TripAdvisor 같은 사이트를 통해 그 웹사이트

가 사기가 아닌지 정도는 확인하는 것이 좋다. 나는 개인적으로 다음 두 웹사이트를 추천한다.

- vietnamvisapro.net
- myvietnamvisa.com

이 웹사이트들에서는 온라인으로 비자를 신청할 수 있어서 베트남에 오자마자 공항에서 수령 가능하다.

신청서를 작성하고 수수료를 지불했다면(대략 20~30달러) 온라인 대행업체에서 여러분에게 안내장(invitation letter)를 이메일로 보내줄 것이다.

여러분은 이 안내장을 인쇄한 다음 업체에서 보내준 비자 신청서를 작성해야 한다. 그리고 이 서류와 여권, 인지세를 베트남 공항에 도착했을 때 출입국 관리소에 제출한다. 그러면 이곳에서 여권에 여행 비자를 붙여준다. 인지세는 비자 기간에 따라 다르지만 20~50달러 사이이다. 베트남동(VND)이나 달러로 지불하되 현금으로 주어야 한다.

현재 대부분 국가 시민들은 1개월 또는 3개월 여행 비자 가운데 선택할 수 있다. 또 단수비자와 복수비자가 있는데 여러분이 동남아시아를 이곳저곳 여행하고 싶다면 후자가 좋다. 단 한국을 포함한 일본, 이탈리아, 영국 등 20개국은 15일 동안 비자 없이 머무를 수 있다.

베트남에서 비자 연장하기

여러분이 베트남에 더 체류하고 싶다면 현지에서 여행 비자를 연장할 수 있다. 길거리에 '비자 연장(Visa Extension)'이라고 적힌 여행사나 대행업체 간판이 많다.

거주증 받기

임시 거주증과 영구 거주증이 있다. 만약 여러분이 학생이거나 법조인, 베트남에서 활동하는 회사의 소유주거나 이사라면 임시 등록증을 받을 수 있다.
필요한 서류는 다음과 같다.

- 임시 거주증(TRC)에 대한 의뢰서(N7A)
- 임시 거주증을 신청하는 외국인을 위한 신고서(N7B)
- 여권 사진 2장
- 여권과 최근 비자 사본
- 해당자의 경우 취업허가증 사본

그리고 여기에 드는 돈은 60달러에서 100달러 사이이다.
만약 베트남에 계속 머물고 싶다면 어떻게 할까? 베트남에 거주하는 시민의 배우자거나 가족이라면 영구 거주증을 받을 수 있다. 앞서 언급한 서류와 함께 출생증명서와 여권, 결혼증명서가 필요하다. 거주증은 3년마다 갱신해야 한다.

비자를 연장하기 전에 여러분의 비자에 최소 7일의 기한이 남아있는 게 좋다. 당국이 일처리할 기간이 필요하기 때문이다. 연장을 신청할 때는 여권과 현재 비자 사본을 가져가자.

이렇게 하면 비자 기한 때문에 방콕 같은 곳에 들렀다가 베트남에 되돌아오는 성가신 일을 하지 않아도 된다. 다만 비자 연장은 꽤 비용이 든다. 베트남에 얼마나 머무를 것인지에 따라 가격이 다르지만 내 친구는 25일을 연장하는 데 95달러를 지불했다.

관광 비자로 버티기

여러분이 큰마음 먹고 베트남에 오기로 결심했지만 숙소나 직장이 정해지지 않았다면 어떻게 해야 할까? 일단 비행기에 올라라. 관광객 신분으로도 아파트와 일을 구하고 원하는 만큼 오래 베트남에 머무를 수 있다.

원칙적으로 관광객은 취업을 할 수 없고(90일 이상) 만약 취업한 사실이 발각되면 추방당할 수 있다. 하지만 나는 여태껏 그런 이유로 쫓겨난 사람을 보지 못했다.

내가 하노이에 왔을 때는 관광객이었고 앞으로의 계획이나 직장, 살 곳도 없었다. 하지만 당분간은 이곳에 머무르고 싶었기에 그로부터 이틀 뒤에 아파트를 계약했고 한 달 뒤에는 영어 강사로 일하기 시작했다. 다른 외국인들도 비슷하다. 어느 순간 낙하산을 타고 떨어지듯 베트남 도시에 들어가 조금씩 돈을 벌기 시작한다.

미국인인 내 친구 하나는 하노이에서 3년 동안 사업을 했는데 내내 단수 관광 비자로만 버텼다. 주말에는 싱가포르나 방콕에 갔다가 베트남으로 돌아오면 90일짜리 새 관광 비자를 받을 수 있기 때문이었다. 그 밖에 이런 목적으로 외국인들이 자주 방문하는 곳이 라오스의 수도 비엔티안이다. 하지만 하노이에서 버스를 타고 20시간을 가야 하기 때문에 배낭여행으로는 괜찮지만 아이와 함께 하고 싶은 여행은 아니다.

앞으로 비자를 받는 과정이 더 쉬워지고 수수료가 저렴해지면 좋을 것이다.

숙소 구하기

베트남에서 머물 곳을 찾는 과정은 무척 수월했다. 내 경우 금요일에 하노이에 도착해서 일요일에 집을 구했을 정도였다.

구글에서 '베트남의 주택 중개소(housing agencies in Vietnam)'

를 검색하면 결과는 그야말로 넘쳐날 것이다. 공급처는 널려 있다.

일단 영어로 된 주택 중개업체의 웹사이트를 찾으면 반쯤은 성공한 것이다. 나는 베트남에 도착하기 전에 몇몇 업체에 이메일을 보냈고 답신을 살펴보며 어디가 괜찮은지 비교했다. 대부분의 업체는 적극적으로 여러분과 약속을 잡으려 애쓸 것이다. 바이크에 태워 여러 부동산을 둘러보도록 도와주기도 한다.

부동산 소유주가 건물이나 집 전체를 외국인에게 임대하겠다고 정하기도 한다. 이런 곳은 자물쇠 달린 문이나 엘리베이터, 경비원 딸린 로비가 딸린 신축 건물일 가능성이 높으며 길거리와는 다소 분리된 느낌을 준다.

하지만 엘리베이터가 없는 오래된 집도 괜찮다면 훨씬 더 저렴하게 집을 구할 수 있다. 나도 처음에는 현대식 아파트를

관광객 신분으로 임대차 계약하기

앞서 살폈지만 베트남에서는 관광 비자만으로도 아파트 임대차 계약을 할 수 있다. 비자가 중요한 문제가 아니기 때문에 임대업체와 담당자도 크게 신경을 쓰지 않는다. 돈이 있는지 없는지가 중요하니 업체에 보증금과 함께 여권과 비자 사본을 건네면 문제없이 일이 진행된다.

사실 업체들은 외국인과 계약하면서 경찰에 수수료를 지불한다. 하지만 외국인을 받아들이는 업체를 찾기가 그리 어렵지는 않다. 외국인이 갑자기 도망친다 해도 보증금을 챙긴 다음 집을 다른 사람에게 다시 임대하면 그만이기 때문이다.

계약서에 서명할 때 필요한 준비물은 다음과 같다.

- 여권
- 비자
- 보증금과 첫 달치 월세

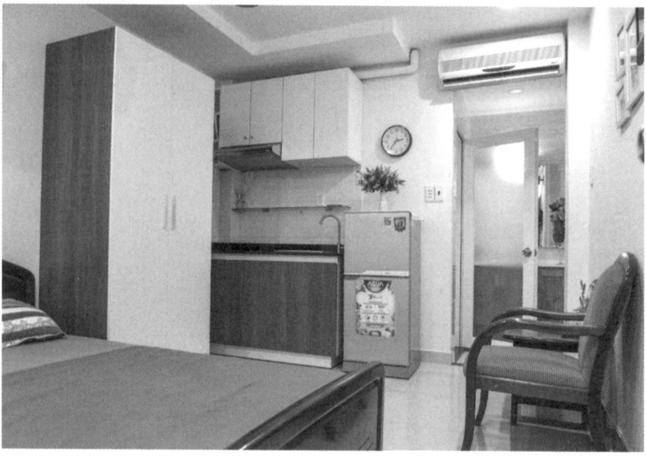

© Phuong D. Nguyen

호찌민시티에서 임대할 수 있는 작은 방.

구했지만 이곳을 나와 엘리베이터 없는 집으로 옮기면서 임대료를 반으로 줄일 수 있었다.

부동산 계약서의 함정

부동산 계약을 할 때 내가 할 수 있는 조언은 하나뿐이다. 계약서를 꼼꼼히 확인하라.

내가 베트남에 살 때 장마철 태풍이 지난 뒤 아파트 벽에 물이 샌 적이 있었다. 벽은 잘 마르지 않았고 바닥에서 천장까지 노랗고 검은 얼룩이 남았다. 그리고 곧 얼룩에서 곰팡이가 자라기 시작했다. 곰팡이 포자를 들이마셔 건강을 해치고 싶지 않았던 나는 부동산 업체에 전화해 벽을 좀 손봐 달라고 했다.

업체에서는 집에 오겠다고 했지만 그 말은 결코 실현되지 않았다. 그렇게 한 달이 지났고 나는 업체와 맺은 계약서를 살폈다. 집이 손상을 입어 수리해야 할 경우 업체에 책임이 있다고 장황하게 명시한 구절이 있었다. 나는 이 계약서를 비장의 무기 삼아 담당자에게 당당하게 보여주었다. 담당자는 공감한다는 듯 고개를 끄덕이며 내가 가리킨 구절을 읽었다. 그리고는 말했다. “하지만 우리가 책임이 있다고 했지 고치겠다는 말은 없잖아요.”

계약서의 해당 구절을 다시 읽어보니 담당자의 말이 맞았다. 업체가 언제까지 수리한다는 말은 없었다. 이렇듯 해석의 여지가 있는 구절이 위험하다.

가사 돌봄 서비스

여러분이 어디에서 집을 빌리든 가사 돌봄 서비스를 이용할 수 있다. 집이 얼마나 자주 청소되는지는 집주인과 맺은 계약에 따라 다르다(월세가 비싸면 청소가 더 자주 이뤄질 것이다).

내가 지금 사는 곳은 가사 돌보미가 일주일에 세 번 계단과 공동구역을 청소하며 쓰레기를 치워준다. 지역에 따라서는 침실을 청소해주는 곳도 있다. 그런 경우 현금과 귀중품을 금고에 넣어두거나 영장을 가진 경찰도 찾을 수 없을 정도로 잘 숨겨야 한다.

물론 거의 100퍼센트의 확률로 여러분의 소지품은 문제가 없을 것이다. 하지만 언제나 예외가 있는 법이다. 내 친구 하나는 옷장 서랍에 집세로 낼 돈을 넣어 둔 채 집을 비웠다가 현금을 도난당했다. 가사 돌보미는 혐의를 부인했지만 유력한 용의자는 그 사람뿐이었다. 하지만 친구는 돈도 돌려받지 못했고 이 가사 돌보미는 다른 집으로 배정받은 채 사건은 해결되지 못했다.

부동산 건물

베트남 도시 사람들은 대부분 높은 건물에 살고자 한다. 하지만 이 '높다'는 말은 상대적이라서 엄청난 고층 건물이라기보다는 조금 길쭉하게 위로 늘어난 주택일 뿐이다. 사람들이 바라는 건 길이일 뿐 넓은 면적이 아닌데, 수평 방향으로 확장되려면 부지를 많이 구매해야 하고 세금도 높기 때문이다. 그래서 베트남에서는 대부분 건물이 5~6층 정도로 올라가 있고 대부분 주택에 엘리베이터는 없다.

그리고 베트남에서는 공간을 효율적으로 활용하기 위해 건물이 서로 빽빽하게 밀집된 경우가 많다. 그래서 어느 한 곳에서 불이라도 나면 구역 전체가 불길에 휘말리기 쉽다.

베트남의 집에 들어가면 천장이 높고 계단도 넓어서 착시를 일으킨 것처럼 공간이 바깥에서 볼 때와 다르다. 또 다른 특색이 있다면 불단이다. 현대식 아파트에는 없을 수도 있지만 오래된 집에는 불단이 당연한 듯 존재한다. 층계참 전체를 불단이 차지할 수도 있고 불단을 위한 방을 따로 갖춘 경우도 있다. 호찌민의 초상도 거의 모든 집에 걸려있다. 불단 바로 위나 불단과 가까운 곳에 걸려있을 것이다.

출입구와 경비원

대부분 집에는 길거리에서 일어나는 범죄로부터 보호받기 위해 철문이 달려있다. 집을 들락날락할 때마다 철문을 열었다 잠갔다 하는 일이 조금 번거롭지만 철문이 없다면 금세 도둑이 들 것이다.

일부 주택 단지나 아파트에는 경비원이 근무한다. 경비원을 갖췄다는 점은 부동산 거래에서 장점이다. 내가 살던 곳도 경비원이 주말도 없이 24시간 대기하며 매일 밤 차고의 셔터를 내려 건물을 봉쇄했다.

이처럼 안전이 보장되면 마음 놓고 잠들 수 있다. 하지만 가끔 입주민인데도 셔터 열쇠가 없어 집에 늦게 오면 경비원을 깨워야 하는 경우가 생긴다. 여러분이 베트남에서 이런 곳에 살게 된다면 경비원에게 반미 샌드위치라도 가져다주라.

정전

여러분이 베트남의 어떤 집에 살면서 한밤중에 마음 편히 유튜브의 추천 동영상을 보고 있는데 컴퓨터가 꺼지고 집 전체에 전기가 들어오지 않는다. 커튼을 젖혀 주변을 살피면 구역 전체가 정전되었다는 사실을 알게 될 것이다.

베트남에서는 생각지도 못하게 종종 정전이 일어난다. 제3세계 국가에 전력망이 업그레이드된 것은 최근의 일이며 아직은 이따금 보수 작업이 필요하기 때문이다. 집주인이 미리 얘

값싼 월세의 함정

나는 공동주택으로 이사 왔을 때 화재경보기가 있는지 미처 확인하지 못했다. 당연히 있을 것이라 여겼기 때문이었다. 그러던 어느 겨울날 룸메이트가 침대 가까이에 히터를 틀고 잠들었다가 담요에 불이 붙고 말았다. 공동주택에 사는 모두가 잠옷 차림으로 뛰쳐나왔고 이웃 주민들이 양동이와 소화기를 들고 헐레벌떡 뛰어왔다. 불길을 잡는 데는 10분이 걸렸다. 다행히 불로 인한 피해는 방 하나에 그쳤지만 하마터면 불길이 계단으로 번져 집 전체를 태울 뻔했다. 게다가 소방서가 대응하는 데 걸린 시간을 생각하면 도저히 안심할 수가 없다. 아마추어인 이웃 사람들이 불을 끄고 나서 30분이나 지나서야 도착했던 것이다.
이처럼 월세가 싸다면 그만큼 대가를 지불해야 한다. 그러니 계약서에 도장을 찍고 열쇠를 받기 전에 집주인에게 기본적인 안전에 대한 사항을 꼭 물어보라.

기해주지도 않는다. 그리고 고급 호텔이라면 발전기가 있겠지만 일반 가정에는 없다.

나도 하노이에서 두 번, 사이공에서 한 번 정전을 겪었다. 그럴 때마다 아침까지 전기가 들어오지 않았다. 그러니 핸드폰이나 노트북을 항상 잘 충전시키고 손전등을 준비해두라. 그리고 무척 길고 더운 밤이 될 테니 창문을 활짝 열어라.

연락처 만들기

휴대폰

내 미국 친구들이 스카이프 통화를 하면서 돈 문제 때문에 살기 힘들다고 하면 나는 베트남으로 오라고 추천하곤 했다. 베트남은 물가가 정말 싼 편이어서 휴대폰 통신비가 한 달에 약 5달러 정도다. 심카드를 구하는 것도 간단해서 광고가 붙은 길거리 작은 상점에서 구매하면 된다(심카드는 베트남어로 'sim the'다). 이런 가게는 쉽게 찾아볼 수 있다. 길가 손수레에서 물병이나 맥주, 우산, 반미 샌드위치 등과 같이 판매하기도 한다.

심카드와 베트남 전화번호를 얻는 데 드는 돈은 5만 동(2.5달러) 정도다. 10만 동(5달러)을 주고 한 달 치 데이터를 사도 편하다. 설명서대로 휴대폰을 처음 작동시킨 다음 심카드 뒤의 코드 번호를 입력하면 된다. 페이스북이나 유튜브를 할 정도의 데이터를 쓸 수 있다. 또 여러 서비스 업체에서 국내, 국제 전화를 다양한 시간 동안 제공한다.

워낙 인터넷 데이터가 간절하게 필요한 배낭여행객들이 많기 때문에 여러분이 베트남어를 하지 못하더라도 심카드를 설치하거나 충전하는 일은 현지 상인들에게 익숙하다. 어느 날부터 데이터를 쓰기 시작했는지 기억해두면 나중에 30일을 추가로 구매할 수 있다.

서비스 업체

베트남의 주요 휴대폰 서비스 제공 업체로는 비에텔Viettel, 비나폰Vinaphone, 모비폰Mobiphone이 꼽힌다. 상점의 광고를 살피면 어떤 업체의 심카드인지 알 수 있다. 업체가 제공하는 서비스의 질은 편차가 큰데 내 경험을 토대로 추천하자면, 지금 당장은 모비폰을 쓰고 있지만 비에텔에 눈독을 들이는 중이다. 비에텔은 베트남 국방부에서 소유하고 관리하는 네트워크를 사용해 꽤 빠르다. 정글을 하이킹할 때 비에텔을 쓰던 내 친구는 아무런 지체 없이 고향 집과 스카이프 통화를 했지만 나는 당시 구글 맵도 제대로 쓰지 못했다.

휴대폰 예절

베트남 사람들은 오늘날 세계 여느 나라 사람들과 마찬가지로 빠르게 휴대폰을 하나씩 손에 넣었다. 그래서 가족끼리 둘러앉아 커피를 마시며 서로의 얼굴에 스냅챗 필터를 적용하며 유대를 강화하는 모습도 흔히 볼 수 있다.

베트남에서는 헤드폰 없이 아이패드로 페이스타임 영상 통화를 하는 일이 흔해서 옆 사람의 통화가 무척 잘 들린다. 볼륨을 한껏 키우고 보석이 폭발하는 게임을 즐기기도 한다. 그런 만큼 웬만한 행동으로는 무례하다고 느껴지지 않는다. '다시 볼 일 없는 사람인데 왜 신경 쓰지?'라는 생각인 듯하다.

© Vietnam Stock Images

오토바이 위에서 스마트폰을 즐기는 젊은 커플.

일반 전화와 인터넷

베트남에서는 일반 전화가 인터넷, 텔레비전과 묶여 있어서 부동산 업자가 여러분이 이사 오기 전에 설치해줄 것이다. 만약 스스로 설치하고자 한다면 주요 서비스 제공 업체 2곳을 알아두면 좋다. 베트남 포스트 앤드 텔레커뮤니케이션스 그룹(서비스센터 번호: 700번)과 앞서 살폈던 비에텔(서비스센터 번호: 19008198)이다. 서비스센터에 전화하면 영어로 응대하는 직원이 있다. 외국인이 서비스를 받으려면 여권과 비자, 거주 증명서가 필요하고 가끔은 취업 증명서가 필요한 경우도 있다.

인터넷 서비스는 와이파이가 기본이기 때문에 이더넷 연결이 필요하다면 부동산 업자에게 따로 말해야 한다. 대부분 카페나 음식점, 그리고 도시 지역의 신형 버스에서는 와이파이를 쓸 수 있다. 속도는 나쁘지 않은 편이지만 국가에서 관리하기 때문에 가끔 느려지곤 한다.

검열

베트남에는 소위 '빅브라더'가 존재한다. 온라인의 위력을 두려워하는 이 빅브라더는 체제 전복적인 웹사이트를 선택적으로 막고 있는데 이것을 소위 '대나무 방화벽(Bamboo Firewall)'이라 부른다.

베트남은 최근 들어서야 마지못해 페이스북이라는 쓰나미처럼 강력한 소셜 네트워크를 받아들였다. 페이스북은 2009년부터 비공식적으로 막혀 있었지만 사람들은 VPN(가상사설망)을 통해 몰래 사용하던 중이었다. VPN을 사용하면 IP 주소를 숨겨 외국에서 해당 웹사이트에 접속하는 것처럼 인터넷을 쓸 수 있다. 무척 다양한 무료 VPN을 다운로드 받아 사용할 수 있는데 구글 크롬의 확장프로그램인 Hola가 한 예다.

하지만 베트남 정부에서는 2016년 5월 한 회사가 일으킨 해양 오염에 정부가 제대로 대응하지 않아 사람들이 페이스북을 이용해 시위를 벌이려 했다는 이유로 주말 내내 페이스북에 대한 접속을 막았다. 가끔은 BBC의 홈페이지도 막힌 적이 있다.

물론 아직까지 눈에 거슬리는 온라인 활동을 했다는 이유로 외국인이 체포되었다는 소식을 들은 적은 없다(태국에서는 트위터로 왕에게 불경한 말을 하면 감옥에 갈 수도 있다). 그래도 비교적 최근인 2016년 가을까지도 정부에 비판적인 내용을 게시했다는 이유로 베트남 출신 블로거가 체포되고 웹사이트가 폐쇄되는 일이 벌어졌다.

이곳 베트남에서 지켜야 할 규칙은 민주주의를 표방하지 않은 다른 나라들과 비슷한 듯하다. 웬만하면 문제가 없지만 그래도 큰 말썽을 부리지 말라는 것이다.

쇼핑

베트남 물가가 얼마나 싼지 실감할 만한 예를 들어본다. 오토바이 연료를 채우는 데 6만 동(2.5달러)이면 충분하며 일이 끝나고 길거리에서 맥주 한 캔 마시는 데는 5000동(0.25달러)이면 된다.

주의할 점은 모든 곳의 물가가 이렇게 저렴하지는 않다는 것이다. 하노이의 떠이호 구나 사이공의 2, 7구처럼 외국인이 밀집해 거주하는 지역에 가면 향수병을 달랠 수 있는 반면에 식료품이나 외식에 드는 비용이 비싸다. 나는 하노이의 은행이나 외국 공관이 자리한 지역의 피비마트라는 곳에 가서 쇼핑을 했다가 400달러 넘게 쓴 적이 있다. 하지만 여러분이 돈을 펑펑 쓰는 사람이 아니라면 이런 곳에 가지 않으면 되니 굳이 걱정할 필요는 없다.

베트남에 챙겨 와야 할 것들

베트남이 많이 현대화되기는 했지만 여러분의 고국과 다른 점도 분명 있다. 필요한 물품들 가운데 몇몇 수입품은 무척 비싸고 아예 구할 수 없는 경우도 있다. 그러니 다음 몇 가지는 미리 챙겨서 갖고 오는 게 좋다.

- **비누, 보습제, 자외선 차단제:** 베트남 사람들은 흰 피부를 좋아해 스킨케어 제품에 미백 성분이 가득하다. 마이클 잭슨 같은 모습이 되고 싶지 않다면 피부에 바르는 제품을 가져가는 게 좋다.
- **전자기기:** 베트남에서는 외제 사진기와 컴퓨터가 비싸다.
- **주방용품:** 베트남 요리는 준비하는 데 그렇게 많은 도구를 필

요로 하지 않는다. 그래서 피자 굽는 판이나 커피를 만드는 프렌치프레스, 주스 짜는 기계, 반죽 미는 방망이를 베트남 현지에서 사려면 엄청나게 비싸다. 베트남 음식을 만드는 데 필요하지 않은 용품이라면 고국에서 사서 현지에 부치는 방안을 고려할 만하다.

- **신발과 옷가지:** 여러분이 키가 2미터인 나처럼 신체 사이즈가 유달리 크다면 베트남에서는 맞는 옷이나 신발을 찾기 어려울 것이다.
- **캠핑용품:** 여러분이 캠핑을 좋아한다면 필요한 용품은 베트남에서 꽤 비싸니 미리 준비해 오는 게 좋다.
- **약품:** 베트남 약국에서 처방전을 둘러싸고 혼란을 겪느니 약은 가능한 많이 준비해 오자.

무엇을 사면 좋을까?

베트남에서 식료품이나 생활용품이 필요하다면 코스트코나 월마트, 시내 곳곳의 상점을 이용하면 된다. 나는 배낭을 메고 가서 일주일치 식량을 가득 채우곤 했다. 상점 안이 시끄러워 직원에게 물건 위치를 물어보기가 어렵고 아수라장처럼 사람이 많긴 해도 기본적인 물건은 다 갖추고 있다. 롯데 마트도 하노이와 사이공에 매장이 있다. 이런 대형 매장에서는 호화스러운 수입품 매장의 반값에 물품을 구매할 수 있다.

수입품 매장에 가면 비싼 치즈나 오래 숙성한 와인, 메이플 시럽, 각종 양념처럼 주변에서 구하기 어려운 물건이 있다. 지역 식료품점은 훨씬 더 저렴하다. 또 쌀이나 시리얼, 우유, 크래커, 잡화, 심카드 등을 파는 구멍가게들도 있다.

© e5can

사이공 벤탄 시장에서 물건을 고르는 외국인들.

다음은 하노이에서 꼭 들러야 할 상점이다.

- 엘 플레이스(L's Place, 호안끼엠과 떠이호 구에 있다)
- 하노이 고메(Hanoi Gourmet, 호안끼엠 구)
- 오아시스 식료품점(The Oasis Grocery Store & Gourmet Shop, 떠이호 구)

다음은 사이공에서 들를 만한 상점이다. 사이공에는 다양한 물품을 갖춘 가게가 더 많다.

- 안남 고메 마켓(Annam Gourmet Market, 1구)
- 다이아몬드 플라자 셀렉트 마트(Diamond Select Mart, 1구)
- 타이 호아(Thai Hoa, 1구)
- 베지스(Veggy's, 1구)
- 빈콤 센터 셀렉트 마트(Vincom Centre Select Mart, 1구)
- 오가닉 숍(The Organik Shop, 2구)
- 리버 가든 셀렉트 마켓(River Garden Select Mart, 2구)

24시간 상점

베트남에는 24시간 동안 여는 편의점 체인이 몇몇 있다. 서클K, 숍 앤 고, 패밀리마트 등이다. 가게들이 문을 닫은 한밤중 무언가 필요할 때가 있을 테니 가까운 편의점을 알아두면 좋다. 하노이보다는 사이공에 24시간 편의점이 더 많다.

농산품

도시에서 과일과 채소를 가장 싸게 구할 수 있는 곳은 지역 시장이다. 상인들로부터 베트남어를 조금 배울 수도 있다. 하노이에서 내가 추천하는 장소는 롱비엔 다리 밑에서 대규모로 열리는 야시장이다. 사이공에는 식료품점이 훨씬 더 이곳저곳에 많은데 그중에서도 빈탄 구의 바찌에우 시장이 괜찮다.

시장에서 흥정하기

관광객들 가운데는 베트남을 배경으로 한 영화에서 배우들이 흥정하는 장면처럼 직접 경험해보고 싶어 하는 이도 있을 것이다. 여러분도 그렇다면 사이공의 벤탄 시장에서 쇼핑과 함께 길거리 음식을 즐겨 보라(게살 국수인 반 깐 꾸어가 별미다).

사이공 1구에 자리한 벤탄 시장은 그야말로 흥정의 올림픽 무대 같은 곳이다. 상인들이 처음에 천문학적으로 높은 가격을 제시하기 때문에 그보다 훨씬 낮은 가격으로 협상을 해야 한다. 밀리터리 패션에 관심이 있다면 잉여 군수용품을 파는 사이공의 단신 시장도 찾아가보라.

하노이에는 구시가지의 호안끼엠 호수 북쪽 로터리 근처에 작은 가게와 가판대가 몰려 있다. 여기서는 혁명 시절의 슬로건이 적힌 티셔츠나 베트남 전통 모자, 붓글씨가 있는 부채,

과일과 채소를 가장 싸게 구할 수 있는 곳은 지역 시장이다. 달랏의 대형 시장에서 농산물 가격을 흥정하는 상인과 손님들.

실크 잠옷 바지를 비롯해 페이스북의 여행 사진들에 등장할 법한 온갖 물건을 판다. 사고 싶은 물건을 찾았다면 적당한 가격을 불러라. 상인이 멈칫하면 똑같은 물건을 파는 옆 가판대와 경쟁을 붙여 가격을 더 낮출 수도 있다.

길거리 경제

길거리 상인들은 어디든 있다. 이들은 스카프, 껌, 티슈, 도넛 같은 다양한 물품을 바구니에 담거나 몸통에 거는 판에 담아서 판다. 과일이나 빵을 바구니에 담은 다음 대나무의 양쪽 끝에 걸어 어깨에 걸머지기도 한다. 베트남 여성들이 30킬로그램은 되는 물건을 이런 대나무 끝에 걸고 하루하루 열심히 살아가는 모습을 보면 놀랍다.

하노이의 구시가지에서는 각 거리마다 같은 종류의 물건을

끈질긴 장사꾼들

베트남에서 구걸하는 사람들 가운데는 대담하게 꾸며낸 이야기를 하는 사람들이 있다. 한번은 한 장애인 여성이 자기가 항미 전쟁에서 다리 하나를 잃었다고 말했는데 나이를 물었더니 35세였다. 어쨌든 5000동을 주었지만 말이다.

또 상인들이 여러분이 거절하는데도 식당 테이블에서 식사하는 곁으로 다가오거나 한두 블록쯤 따라오기도 한다. 구슬이나 팔찌를 팔든가 아이들을 학교에 보낼 형편이 되지 않는 부모가 껌을 팔아 오게 시키기도 한다. 선글라스를 끼고 걸어가는데 선글라스 하나 사라는 제안을 듣기도 하고 파란색 플라스틱 양동이를 든 구두 닦는 사람이 신발을 닦지 않겠냐고 따라붙기도 한다.

한번은 친구와 함께 사파라는 산골 마을을 여행하는데 한 현지인 여성이 보석을 사라며 다가왔다. 우리는 거절한 채 한 시간 동안 마을과 논 주변을 하이킹했는데, 여성은 내내 우리 곁을 떠나지 않았다. "그래도 아내나 여동생, 어머니에게 줄 팔찌 하나 필요하지 않으실까요?" 이런 경험은 수없이 많다.

한 베트남 여성이 물건을 실은 장대를 어깨에 걸머진 채 길을 걷고 있다.

판다. 예컨대 '사진기 거리'라든가 '기타 거리'가 있다. 이런 식으로 장사를 하는데 망하지 않는 게 신기하지만 손님 입장에서는 경쟁 덕분에 저렴하게 물건을 살 수 있다.

대중교통

교통량

베트남의 교통 상황에 대해 자세히 알려주지 않으면 직무태만일 것이다. 시골 지역이나 작은 도시는 길이 한산한 편이지만 그래도 단점이 있다. 달 표면보다 더 여기저기 구멍이 파였기 때문이다.

물론 이런 장애물은 그나마 피할 수 있다. 정말 곤란한 곳은 교통 단속이라고는 없는 도시 지역이다. 그래서 엄청나게 대담한 운전자들이 판을 친다. 오토바이들이 절대 속도를 줄일 생각 없이 어디든 쌩쌩 달리며 일방통행로에서 역주행하며 가미카제처럼 여러분에게 달려든다.

하노이 구시가지 교차로에는 빨간 신호등이 아예 없어서 매번 전쟁 같은 경주가 벌어진다. 단 하나의 규칙이 있다면 '큰 차가 이긴다'는 것이다.

교통 정체도 심각하다. 나는 로스앤젤레스와 보스턴에서 교통 정체를 겪어봤지만 베트남에 비할 바가 못 된다. 해결책은 단 하나, 차가 막히는 시간을 피하는 것이다. 약속 시간이 6시이면 나는 2시간 일찍 도착해서 근처 카페에서 일을 한다.

여러분이 하노이나 사이공에서 출퇴근을 할 예정이라면 각오를 단단히 하고 힘을 내기 바란다. 이 도시에서 이렇게 교통 상황이 나쁜 이유는 당국이 지하철을 건설하기 위해 큰 도로 몇 곳을 파헤쳤기 때문이다. 하노이에는 2018년까지, 사이공에는 2020년까지 각각 2개의 지하철 노선이 완공될 예정이다.

© xuanhuongho

시내버스와 승용차, 오토바이가 마구 뒤섞여 달리는 도로. 이 정도면 매우 한가한 시간대다.

시내버스

도시에서 오토바이를 몰기 무섭다면 시내버스가 유일하게 남은 대중교통이다. 하노이, 사이공, 껀터, 하이퐁, 다낭 같은 대도시에는 시내버스가 다닌다. 길이 막혀 꽤 오래 걸리겠지만 교통사고를 겪지 않아도 된다는 큰 장점이 있다.

버스에는 번호가 매겨져 있고 앞뒤에 주요 정거장 이름이 적혀 있다. 운임은 옆 창문이나 앞문 위쪽에 표시되어 있는데 거리에 따라 다르지만 5000~1만 동 사이이다. 단 공항버스는 3만 동이다.

인터넷에서는 최신 버스 시간표를 찾기 힘들다. 하지만 구글 맵스를 이용하면 가까운 정류장이 어디인지, 얼마나 걸리는지, 합산 운임은 얼마인지를 알 수 있다. 1월 1일 설날을 전후해서는 버스 시간표와 경로가 바뀔 수 있으니 주의하자. 그리고 최근 들어 소매치기가 급증했으니 조심하는 게 좋다.

택시

내가 베트남에서 택시를 탄 건 짐이 너무 많아 오토바이를 탈 수 없었던 때뿐이었다. 스쿠터나 오토바이는 위험하기는 해도 보통은 택시보다 나은 교통수단이다. 승용차 안에 있으면 스모그나 뜨거운 햇살을 피할 수 있지만 주변을 달리는 오토바이에 휘둘린다. 오토바이들은 이리저리 쌩쌩 달리지만 택시는 그렇지 못하다. 교통량이 뜸해지는 밤에는 조금 더 낫지만 말이다. 도시에는 큰 택시 회사가 몇 곳 있고 운임이 거의 비슷하다.

하지만 조심해야 할 점이 있다. 택시 기사가 미터기를 조작해 빨리 돌게 만드는 일이 흔하다는 사실이다. 처음에는 잘 모르겠지만 몇 번 타면서 거리와 운임에 대한 감각이 생기면 알아차릴 수 있다. 그러면 화가 나겠지만 그냥 그 택시에서 내려 다른 택시를 잡아 타는 게 낫다. 화를 낸다고 해서 문제가 해결되지 않기 때문이다. 택시 기사들이 돈을 배로 청구하는 일도 있다. 그리고 그 지역 지리를 머릿속에 담아두지 않으면 길을 한참 돌아서 가도 모르는 수가 있으니 조심하라. 가끔은 미터기와는 상관없이 공항까지 20만 동 하는 식으로 흥정하고 타는 것이 여러분과 택시 기사 둘 다에게 이득일 수도 있다.

여러 단점들 때문에 베트남 시내 택시에 대해 정이 떨어졌다면 걱정하지 말라. 우버나 리프트, 그랩 택시가 있고 이들 회사는 오토바이도 지원한다.

오토바이 택시

오토바이도 없고 택시를 부를 스마트폰도 없는가? 그래도 방법은 있다. 오토바이를 택시처럼 운행하는 프리랜서 기사들이 있기 때문이다. 이들은 길거리에서 무리 지어 차를 마시고 수다를 떨거나 낮잠을 자다가 여러분이 옆에서 걸어가면 손을 흔들며 "모토? 모토?" 하고 외칠 것이다. 이런 오토바이 택시를 쌔옴xe om이라고 부른다. 이 단어를 판지에 마커로 써서 광고하기도 한다.

사이공은 보도가 넓어서 길을 걷다 보면 쌔옴 기사들이 계속 따라오며 말을 건다. 이들은 쏜살같이 운전하기 때문에 여기에 탈 때는 헬멧이 필수다. 그래도 이런 위험을 감수하면 혼잡한 도로를 택시보다는 수월하게 통과할 수 있다.

쌔옴에 타기 전에는 기사와 요금을 협상해야 한다. 1킬로미터에 1만~1만 5000동 정도가 적당하다. 나중에 말이 달라진다면 말다툼하지 말고 정중하게 아까 얘기했던 금액만 건네고

© Distinctive Shots

오토바이 택시인 쌔옴 운전기사가 길가에서 낮잠을 자고 있다.

내려라. 몇몇 호텔에서는 쌔옴 기사를 불러 도시 투어를 하도록 연결해준다. 현지인 가이드와 함께 이곳저곳을 많이 다니고 싶다면 괜찮은 선택이다. 다만 이곳은 무슨 일이 벌어질지 모르는 나라이니 조심해야 한다. 나라면 해가 지고 나면 쌔옴을 타지 않을 것이다.

도시 벗어나기

기차

철도는 베트남의 대도시들을 연결한다. 기차 노선은 절벽과 정글, 논, 해안선을 가로지르며 지난다. 시간이 있다면 한번쯤 타보는 게 좋다. 베트남 열차 가운데 상당수는 오래된 소비에트 뉴스영화에서나 볼 법한 큼지막하고 각진 모습이다. 비록 이렇게 쓰레기장에서 가져온 듯 곧 부서질 것처럼 생겼어도 다낭이든 어디든 여러분을 안전하게 데려다줄 것이다. 다만 시간을 준수하는 편은 아니다. 내가 탈 때 항상 한두 시간은 늦었으니 말이다. 앞서 말했지만 시간이 넉넉할 때 타야 한다.

최신식 열차는 티켓을 끊을 때 에어컨 여부를 선택하게 하는데 쾌적함을 위해 선택하는 게 좋다. 열차에는 보통 비좁은 화장실이 딸렸고 식사도 판매한다. 나는 간식과 책을 챙겼다.

다음은 기차표를 끊을 때 선택할 수 있는 차량 종류다.

- **딱딱한 좌석칸**(hard seater): 이 선택지는 가장 저렴한데 타보면 그 이유를 알 수 있다. 딱딱한 의자가 빼곡하게 붙어있는 칸이기 때문이다. 너무 비좁아 다리도 뻗을 수 없다. 그래서 옆 도시로 잠깐 이동하는 경우가 아니라 장거리 여행이라면 추천하지 않는다.
- **푹신한 좌석칸**(soft seater): 앞선 선택지보다 가격이 비싸다. 딱딱한 의자 대신 비닐을 씌운 안락의자에 앉을 수 있다.

© Vietnam Stock Images

하노이에서는 기차가 마을의 비좁은 골목 사이를 지나가기도 한다.

- **딱딱한 침대칸**(hard sleeper): 호그와트 급행열차가 있다면 아마 이런 모습일 것이다. 장거리 여행이라면 이 칸에 타서 잠을 자며 이동할 수 있다. 한쪽 벽에 침대가 3개씩 설치되어 한 칸에 모두 6개 있다. 나는 이 칸에 두 번 타봤고 다시 탈 의향이 있다.
- **푹신한 침대칸**(soft sleeper): 앞선 칸보다 매트리스가 두텁고 침대와 침대 사이 간격이 더 넓다. 침대가 한 칸에 6개가 아닌 4개씩 설치되었다. 그밖에도 리비트랜스(Livitrans), 킹 익스프레스(King Express), 사팔리(Sapaly) 같은 고급 열차가 있다. 침대차에 타면 모든 차량에 전기 콘센트가 있고, 침대마다 콘센트가 딸린 차량도 있다.

vietnam-railways.com은 열차에 대한 기본적인 정보를 영어로 실어 알려준다.

베트남 은행 계좌나 국외에서 사용 가능한 신용카드가 있으면 온라인으로 기차표를 예매할 수 있다. 여행사에 도움을 요청해도 된다. 표를 샀다면 예매 확정서(voucher)를 인쇄한 다음 역에서 실물 표와 교환한다. 사람들이 많이 다니는 경로의 침대칸은 순식간에 매진되기 때문에 가능한 빨리 예매해야 한다. 2주 전에는 예매하는 게 좋지만 가끔은 90일 전에 구매해야 하는 경우도 있다.

그리고 오토바이를 많이 타는 나라인 만큼 도착지까지 기차에 오토바이를 실을 수도 있다. 이 경우 35만~40만 동을 추가로 내고 출발 시간보다 몇 시간 먼저 도착해야 한다.

시외버스

여러분은 버스를 타고 옆 도시나 라오스, 캄보디아 같은 옆 나라에 갈 수 있다. 정확한 여행 경로를 알아둔 다음 버스 정거장이나 여행사 사무실에서 표를 직접 구매하라. 장거리인 경우에는 일반 버스보다는 침대가 딸린 버스가 많다. 버스 안에 세 줄씩 2층으로 침대가 들어차 있다. 얇은 담요와 베개가 딸렸고 천장에 텔레비전 모니터가 설치된 버스도 있다. 이런 침대 버스는 안락한 편이지만 눈가리개나 소음 방지용 헤드폰을 가져가면 더 좋다.

버스를 타면 열차로 갈 수 없는 하롱베이 같은 관광지도 문제없이 도착할 수 있다. 여러분이 묵는 호텔이나 호스텔에서 버스 예약에 도움을 줄 수 있으며 밴으로 버스 타는 곳까지 데

버스 입석을 경험하다

나는 친구와 함께 하노이에서 침대 버스를 타고 사파라는 산골 마을까지 당일치기 하이킹을 떠난 적이 있다. 와이파이도 잡히고 화장실도 딸렸으니 버스 시설은 나쁘지 않았다. 한 가지 문제가 있다면 버스 기사가 텔레비전을 크게 틀어서 게임 쇼에서 사람들이 지르는 비명 소리가 고스란히 들렸다는 점이다. 소리를 낮춰 달라고 부탁했지만 기사는 들어주지 않았다.

사파에서 돌아오는 길에도 문제가 생겼다. 버스표를 파는 직원과 의사소통에 문제가 생겨 그날 저녁 8시 표가 아닌 다음날 아침 8시 표를 끊은 것이다. 우리는 당일 하노이로 돌아가야 했기 때문에 출발 시간을 바꾸고자 했다. 하지만 직원은 "오늘 밤은 버스표가 매진입니다"라는 말만 할 뿐이었다.

그래서 우리는 버스 탑승장에서 기다리며 표를 사놓고 제때 오지 않아 비는 좌석이 없는지 기다렸다. 그때 버스 기사가 말했다. "좌석은 없지만 입석이 있을지도 모릅니다. 더 싸죠." 베트남 버스는 운행하는 내내 복도에 쭈그리고 앉아서 가는 입석표를 판다.

우리는 결국 좌석보다 더 싼 값에 입석표 두 장을 샀고 6시간 동안 몸을 구긴 채 버스 복도에 앉아있었다. 어찌나 불편하고 몸이 쑤신지 이루 말할 수 없었다.

려다주기도 한다. 다만 버스가 주로 새벽에 운행을 시작하므로 일찍 일어나 제시간에 로비에 내려가야 한다.

내 경험상 호텔에 투숙하지 않아도 근처 호텔에 부탁하면 버스표를 구할 수 있다. 역시 제시간에 호텔 앞에 나타나기만 하면 된다. 가격은 다양하며, 미리 지불하면 버스표를 구해주는 곳도 있고 출발 시간에 돈을 내는 곳도 있다.

개인 교통수단

자동차 구입하기

베트남 정부에서는 승용차 구매자들에게 무척 높은 세금을 물리기 때문에 개인용 차는 드물다. 아무리 고물 차라도 그 주인은 돈이 많고 성공했다고 여겨진다. 그러나 자동차 소유자는 매년 증가하는 추세이며, 나는 가능하면 차를 구하는 게 좋다고 생각한다(도로가 지나치게 좁아 차가 골목에 끼어버릴 것 같은 하노이에서는 좀 곤란하지만 말이다).

비자 기한이 3개월 이상 남았고 베트남 운전면허증(또는 국제면허증)과 여권이 있다면 외국인도 베트남에서 차를 살 수 있다. 구매 후 10일 안에 자동차 등록을 해야 한다.

그리고 등록하기 전에 구매 동의서를 비롯한 서류 작업을 완료해야 한다. 이 서류에는 자동차 점검 증명서와 보험 증명서가 포함된다. 외국인들은 각 대사관에서 공증 서비스를 이용할 수 있다.

여기까지 끝났다면 새차를 타고 가장 가까운 교통부 사무실에 가서 서류를 제출한다(베트남 통역사와 동행하면 좋다). www.

자동차 점검

베트남 교통부는 오토바이나 스쿠터를 정기 점검하라고 강제하지는 않는다. 하지만 승용차는 다르다. 차를 운행한 지 15년 미만이라면 11개월마다 점검해야 한다.

주차

베트남의 쇼핑몰이나 아파트 단지에 가보면 알겠지만 이런 곳에서 대부분의 주차장은 지하에 있다. 경사로를 따라 내려가 작은 검문소를 통과해야 한다. 여기서 종이로 만든 표를 받을 수 있다. 나올 때는 지하주차장의 반대쪽 끝까지 가서 경비원에게 표를 건넨 다음 주차료를 낸다. 요금은 다양하지만 1만 동을 넘지 않는다.

expatwoman.com 웹사이트에 들어가면 가장 가까운 사무실의 위치와 외국인이 베트남에서 운전할 때 알아둬야 할 여러 정보를 알려준다.

이제 자동차 번호판과 등록 수수료를 낼 차례다. 앞서 베트남에서는 자동차 관련 세금이 무척 높다고 했던 말이 기억나는가? 이 두 가지 수수료가 자동차 구매 비용의 10퍼센트를 차지한다는 데서 실감할 수 있다. 단 중고차를 샀다면 여기까지의 과정을 생략할 수 있다.

자동차 렌트하기

대부분의 렌탈 회사에서는 여러분에게 기사가 딸린 차를 빌리라는 선택지만 줄 것이다. 태양이 작열하는 날 러시아워에 도시를 가로지르는 것이 싫거나 곧 부서질 듯한 스쿠터가 내키지 않는다면 이 선택지도 나쁘지 않다. 기사가 운전해주니

바깥을 구경하거나 사진을 찍을 수 있다. 가격은 지역이나 이동거리 등에 따라 다르지만 하루에 40~100달러 정도다. 렌탈 회사가 여러분이 직접 운전하지 못하게 하려는 이유는 이곳 도로가 무척 위험하기 때문이다. 만약 직접 운전할 차를 빌려주는 회사가 있다면 베트남 운전면허증과 보험증을 보여주면 된다. 에이비스Avis나 버짓Budget처럼 여러 나라에 분점을 가진 렌탈 회사를 찾아도 좋다.

운전면허 얻기

면허증을 얻는 데는 여러 방법이 있다. 여러분이 고국에서 운전면허를 따지 않았다면 베트남에 와서 면허 시험에 도전해도 된다. 다만 베트남어로 된 문제를 풀어야 하니 어학을 잘해야 한다. 아니면 국제 운전면허증을 베트남 면허증으로 바꿀 수도 있다.

이렇게 하려면 최소 3개월짜리 여행 비자나 거주증이 필요하다. 여권과 현재 운전면허증의 공증 받은 사본, 여권 사진 몇 장도 있어야 한다. 하노이라면 83a 리쯔롱끼엣 스트리트(83a Ly Thurong Kiet Street)의 자동차연수 센터로, 사이공이라면 1구에 있는 63 리뚜쫑 스트리트(63 Ly Tu Trong Street)의 교통부 사무소에 가라.

그러면 1주일 안에 면허가 나오는데 이 면허는 비자나 거주증에 따라 최대 3년 동안 유효하다. 원칙적으로는 여러분 고국의 면허증과 국제 면허증을 같이 휴대해야 한다. 국제 면허증이 있다면 차를 구하고 보험을 드는 데 꽤 편리하다.

오토바이의 나라

승용차는 돈이 들고 자전거는 먼 거리를 다닐 때 실용적이지 않기 때문에 베트남 사람들은 오토바이를 많이 탄다. 거의 4000만 대가 넘는 오토바이가 매일 베트남 이곳저곳을 달린다. 오토바이는 그야말로 베트남의 인구 전체를 실어 나르고 경제를 떠받친다.

그래서 외국인들도 배낭여행객, 외국어 교사, 회사원을 막론하고 이 오토바이 문화에 물든다. 베트남 사람들은 계급과 사회적 지위에 상관없이 오토바이의 편리함을 사랑한다. 기동성 높은 독립적인 교통수단이기 때문이다. 이곳 사람들은 골목 이쪽 끝에서 저쪽 끝까지 가는데도 오토바이 시동을 켠다.

오토바이 구하기

베트남에는 오토바이 렌탈 가게가 무척 많다. 평균적으로 하루 1달러 정도에 빌릴 수 있다(한 달에 80만 동이 표준 가격이다). 몇몇 회사는 여러분이 주문하면 집으로 오토바이를 배달해주기도 한다. 이처럼 렌탈을 하면 대여점에서 한 달에 한 번 기본적인 점검을 해준다는 장점이 있다.

오래된 오토바이 몰기

하지만 렌탈 오토바이는 무척 오래 되었을 가능성이 있다. 여러분이 타는 오토바이에 얼마나 많은 사람이 거쳐 갔는지 알 수 없다. 아무리 다달이 점검을 해도 시간이 가면서 쌓이는 깊은 고장은 고칠 수 없다.

예컨대 나는 속도계와 주행기록계가 고장 난 오토바이를 빌려 탄 적이 있다. 대여점에 말을 해도 제대로 된 오토바이가 없다는 답변만 들을 뿐이었다. 게다가 고장 난 오토바이의 부품을 저렴한 중국제 부품으로 교체해 더 빨리 망가진다는 소문도 있다. 그러니 가능하면 새 오토바이를 찾아서 빌리는 게 좋다.

어쩔 수 없이 오래된 오토바이를 빌렸다면 연료계가 정확하지 않다는 사실을 기억해야 한다. 대여점에서는 연료를 채우는 게 빌린 사람의 일이라고 생각한다. 나도 빌린 오토바이를 몰다가 연료가 바닥나서 지나가는 사람의 도움을 받은 적이 있다. 길가에는 음료수 병에 연료를 담아 파는 사람들이 있는데 여기에는 물을 타기 때문에 엔진을 망가뜨리고 싶지 않다면 사용해서는 안 된다.

오토바이 구매하기

여러분이 베트남에 한동안 머문다면 오토바이를 사는 것이 더 효율적이다. 오토바이는 대부분 장부 외 현금거래를 통해 판매되지만 살 때 파란색 등록 카드를 받아야 한다. 오토바이를 타다가 경찰이 여러분에게 이 등록 카드가 없다는 사실을 알면 오토바이를 압수당할 수도 있다.

오토바이를 사는 방법은 여러 가지다. 다른 외국인들이 자기가 타던 오토바이를 팔기도 한다. 아니면 호스텔이나 식료품점 게시판에 붙은 광고지를 보고 살 수도 있다. Travelswop.com 같은 웹사이트나 페이스북의 외국인 모임을 통해 구매해도 된다. 온라인 벼룩시장인 크레이그리스트(Craigslist Vietnam)도 살펴보라.

신호를 기다리며 대기중인 오토
바이들. 베트남 사람들은 계급
과 사회적 지위에 상관없이 오
토바이의 편리함을 사랑한다.

하노이에서 외국인에게 오토바이를 파는 상점

- 꾸엉민 모터바이크(Quang Minh Motorbike)
- 하노이 모터바이크(Hanoi Motorbike)
- 비엣 모터바이크(Viet Motorbike)

사이공에서는 다음 상점에 들러보라.

- 티깃 모터바이크(Tigit Motorbike)
- 바이크 숍(The Bike Shop)
- 사이공 스쿠터 센터(Saigon Scooter Centre)
- HCMC 모터바이크(HCMC Motorbikes)

요즘 베트남에서 판매되는 오토바이는 대다수가 혼다나 야마하에서 만든 것이다. 중고 오토바이도 200~350달러 선에서 판매된다. 여러분이 베트남어를 잘한다면 좀 더 저렴하게 구할 수 있다. 오토바이를 판다는 뜻인 'Xe Ban'이라는 단어가 적힌 현지 가게에 들어가 흥정을 해보라.

시내에서 오토바이 타기

교통 정체가 심한 베트남에서 오토바이를 타는 건 꽤 위험하다. 베트남 정부에 따르면 1년에 1만 5000명이 오토바이 사고로 사망하는데 그 말은 하루에 약 40명이 목숨을 잃는다는 뜻이다. 법적으로는 오토바이를 탈 때 헬멧을 써야 하지만 헬멧도 생략한 채 액션 영화처럼 질주하는 오토바이 운전자들이 있다. 하지만 이들의 행운은 오래 가지 않는다. 이런 사람들이 길에서 사고로 사망하는 바람에 교통이 멈춰 회사에 지각한 적이 두 번이나 있으니 말이다.

헬멧

베트남에서는 몇 년 전부터 오토바이 헬멧 착용이 법적으로 의무화되었다. 하지만 베트남에서 판매하는 헬멧은 어떤가? 길거리 상인들이 파는 오토바이용 헬멧을 보면 플라스틱으로 만든 야구모자 같다. 이런 헬멧을 쓰면 경찰의 단속에는 걸리지 않겠지만 장점은 거기까지다. 헬멧이 너무 얇아서 만약 여러분이 도로에 머리를 부딪치면 혼수상태에 빠질 정도로 크게 다치고 말 것이다.

그러니 단단하고 제대로 된 진짜 헬멧을 구해야 한다. 얼굴 전체를 덮는 헬멧은 앞서 말한 얇은 헬멧에 비해 가격이 두 배지만 그래도 하나에 20달러 정도다. 중환자실 신세를 지는 것보다는 훨씬 싸게 먹힌다.

오토바이를 탈 때는 발 조심

한 가지 도움말을 주자면 베트남에서 오토바이를 탈 때는 제대로 된 신발을 신는 게 좋다.

한번은 내가 오토바이를 탄 채 빨간 신호등 앞에서 대기 중이었는데 옆에 서있던 검은색 메르세데스 승용차가 타이어로 내 발을 밟은 적이 있다. 나는 무척 당황해 승용차 창문을 두드리며 비켜달라고 했지만 대수롭지 않다는 듯 어깨를 으쓱하더니 교차로에서 사라져버렸다. 다행히 크게 다치지는 않았지만 만약 내가 샌들이나 슬리퍼를 신고 있었다면 얘기는 달라졌을 것이다. 내 친구 하나는 버스 바퀴에 발이 깔려 뼈에 금이 가고 몇 주 동안 다리를 절뚝이기도 했다.

묘기 부리듯 오토바이를 타는 사람들

베트남에서는 가끔 5인 가족이 오토바이 한 대에 타고 길거리를 누빈다. 전혀 무서움 없이 자연스러운 모습이다. 오토바이의 속도가 문제가 아니라 무엇을 태웠는지의 문제다. 베트남에서는 픽업트럭을 빌리는 것이 비싸서인지 대신 오토바이에 무엇이든 실어 나른다. 나는 사람들이 오토바이에 소파, 평면 텔레비전, 유리창, 닭장을 싣고 속도를 내 달리는 모습도

© Milkovasa

오토바이 한 대에 4–5인 가족이 함께 타고 다니는 모습도 흔히 볼 수 있다.

© MielnickiStudio

오토바이 한 대로 실어 나르는 짐의 양이 어마어마하다.

봤다.

베트남에 오면 여러분이 평생 처음 보는 무모하고 위험한 광경을 볼 수 있다. 애완견 목줄을 오토바이 핸들에 매고 달리는 사람들이 보일 것이다. 개가 갑자기 속도를 줄이거나 질주하면 어떻게 될까? 이런 길거리에서 살아남은 베트남 현지인들이 놀라울 지경이다.

오토바이에 무거운 짐을 실으면 멈추거나 방향을 트는데 어려움이 생긴다. 오토바이에 실은 금속판에 목이 찔려 소년이 목숨을 잃기도 했다. 어쨌든 이곳에서는 조심해야 한다.

원래 법규대로라면 왼쪽 차선은 승용차, 오른쪽 차선은 오토바이가 다녀야 한다. 하지만 다들 이 법규를 무시하니 여러분도 마음대로 하면 된다. 다만 승용차들은 자기 앞을 가로막는 오토바이를 들이박는 것도 개의치 않으니 조심하라.

오토바이 주차하기

베트남 도시의 보도는 빨랫줄, 소화기, 카페 테이블, 노점상 등으로 복잡하다. 행인들이 비집고 다닐 자리도 없다. 그러는 와중에 오토바이도 주차해야 한다. 오토바이를 타고 다니다 어떤 가게에 들어가고 싶다면 보도블록 위로 올라가 가게 바로 앞에 세우면 된다. 다른 가게 앞을 가리면 주인이 화를 내며 쫓을 수 있으니 조심하라. 한번은 내가 선글라스 가게 앞 보도에 오토바이를 세웠다가 옆 가게로 갔는데 앞 가게 주인이 오토바이를 치우라고 한 적도 있다.

대형 건물에는 오토바이 주차장과 그곳을 관리하는 사람이 있다. 관리인은 숫자가 적힌 표를 주고 그 숫자를 오토바이 안장에 분필로 적는다. 바쁠 때는 이런 과정이 성가시지만 그래도 오토바이를 도둑맞지는 않을 것이다.

오토바이가 아닌 일반 승용차는 길거리에서 합법적으로 주차할 장소를 거의 찾을 수 없다. 택시 운전자들은 백지 위임장이라도 받은 듯 좁은 골목에 마음대로 주차하지만 말이다. 이것은 불법이지만 경찰들은 거의 단속하지 않는다.

법의 사각지대

면허를 받는 정식 경로를 살폈으니 이제 면허증의 진실을 알려주겠다. 여러분이 관광객 신분이라면 사실 면허증이 반드시 필요한 것은 아니다. 돈으로 해결할 수 있고 외국인이라면 면허 없이도 오토바이를 빌리는 것이 가능하다.

물론 어느 정도 위험을 감수해야 한다. 면허 없이 운전했다가 사고가 나면 곤란하다. 경찰이 길 한쪽에 오토바이를 대라고 하면 어떻게 할까? 법적으로는 최대 90일 동안 오토바이를 압수할 수 있다. 하지만 아직 끝이 아니다. 다음 절을 계속 읽어보라.

통행료 내기

오토바이를 몰고 달리는데 겨자색 셔츠를 입은 경찰관이 다가와 길을 막는 경우가 있다. 이들은 시동을 끈 채 길가에 오

비가 오면 생기는 일

오토바이를 타다 보면 걱정거리가 하나 더 있다. 베트남은 남중국해에서 온 폭풍우가 종종 들이닥친다는 점이다. 비가 오면 베트남 오토바이 운전자들은 일사분란하게 오토바이를 갓길에 대는데 실제로 목격하면 꽤 별난 모습이다. 항상 배경음악처럼 들리던 오토바이 엔진 소리가 일시에 멈추는 순간이기 때문이다. 그리고 사람들은 판초를 꺼내 입고는 다시 가던 길을 간다. 정말 순식간에 벌어지는 일이다.

이제 본격적으로 비가 내리면 여러분의 고생이 시작된다. 배수로가 빗물로 흘러넘치고 바셀린을 바른 듯 미끄러운 도로로 오토바이들이 달려들며, 판초에 빗물이 새서 목을 타고 셔츠를 적신다. 가까스로 쉬어갈 만한 곳에 도착하면 빗줄기는 약해진다. 나만 그랬는지 모르겠지만 말이다. 비는 외국인이 자유롭게 저렴한 가격으로 베트남에서 지내는 대신 받아야 하는 형벌 같다. 한창 폭풍우가 들이닥쳐 수요가 많을 때가 아니면 판초는 어느 잡화점에서나 약 3만 동에 살 수 있다.

베트남 남부 해안은 이런 열대 바다의 느낌이 난다. 사진은 무이네 해변.

© Thoai

기차가 지난 길을 오토바이가 달리는 하노이의 작은 마을 풍경.

© Iryna Hror

여행하다 이런 작은 플라스틱 의자를 만나면 잠시 앉아 베트남식 커피나 비아허이 한 잔을 주문해보라.

© Jimmy

호찌민 시내에는 오래된
아파트를 개조한 카페가
유행처럼 퍼지고 있다.

베트남 북부 사파 지역 일대에 펼쳐진 다랭이 논. 온가족이 농사에 참여하며 여전히 전통적인 생활양식을 유지하고 있다.

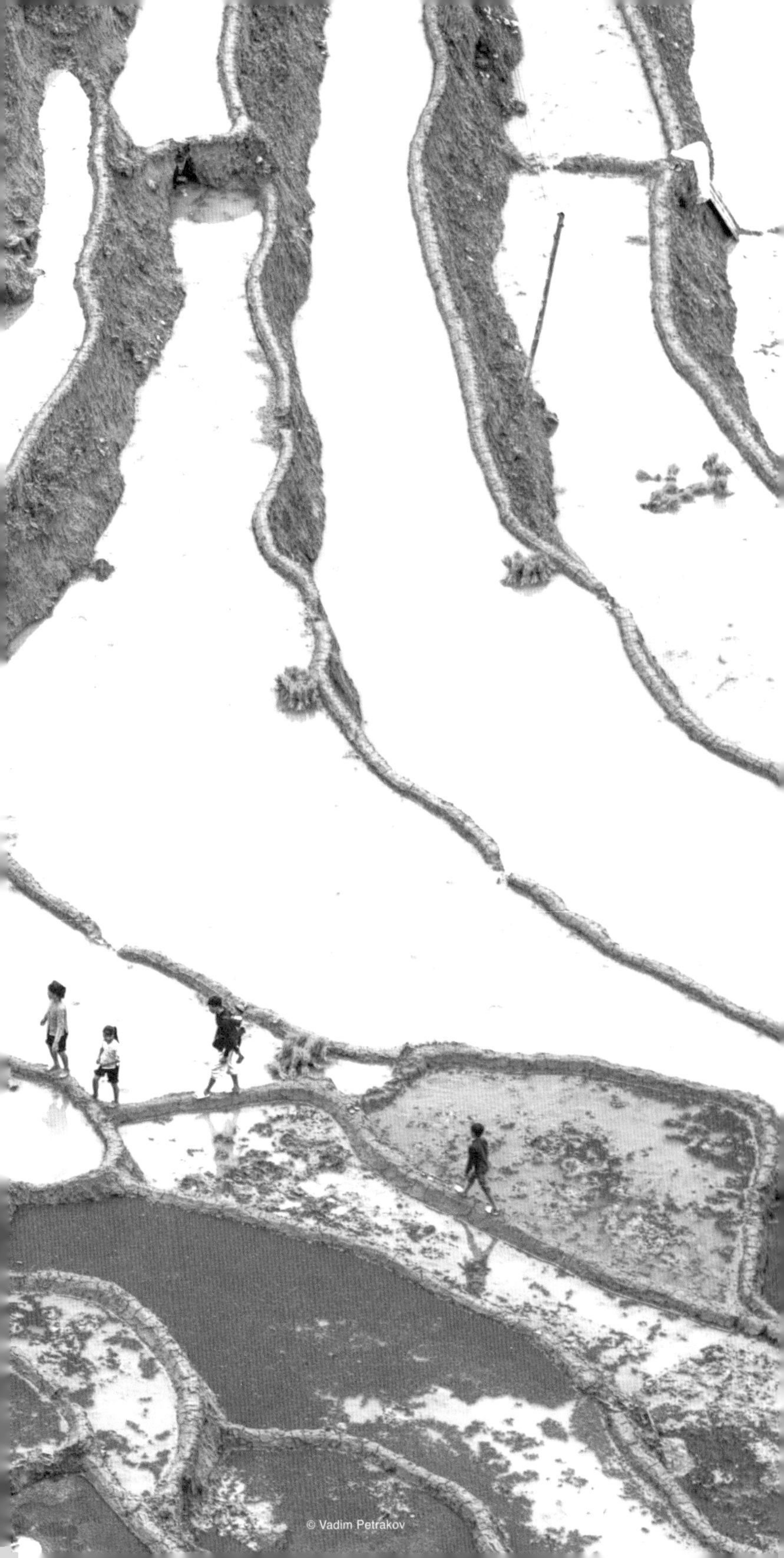

베트남을 대표하는 음

야시장 인기

고기를 양념해 구장나무 잎에 싼 '팃 보 느엉 라 롯'

반투명 춘권 피에 속을 만두처럼 채운 '반 꾸온'

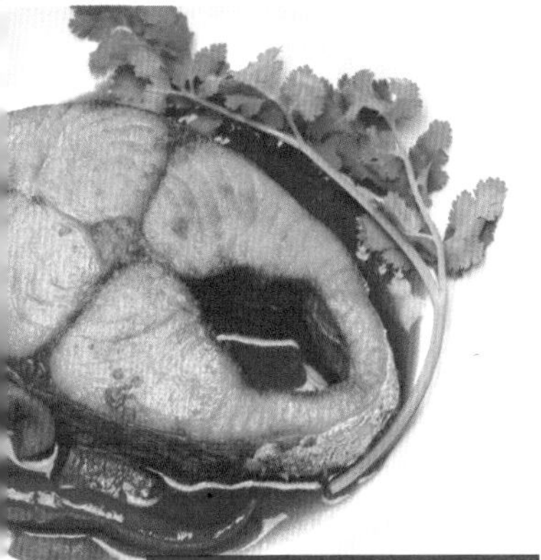
푹 삶은 메기에 양념을 한 '까 코 또'

쌀가루 반죽을 부쳐서 만든 '반 쌔오'

반미 샌드위치

용과와 망고주스

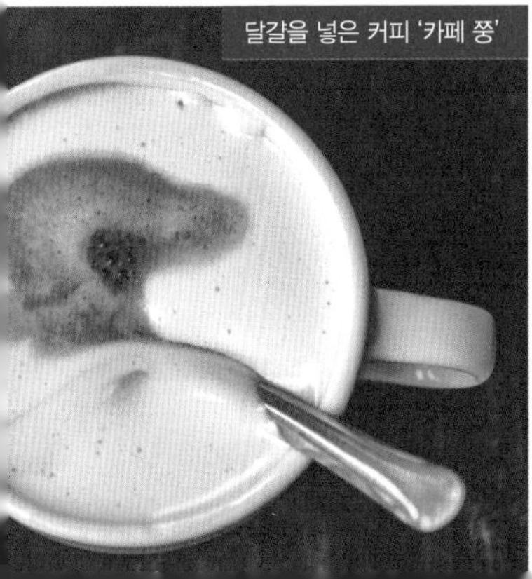
달걀을 넣은 커피 '카페 쭝'

분짜 한 상

난빈 외국에서 즐기는 강 투어. 나무 보트를 타고 동굴과 절벽이 있는 물길을 헤쳐 나아간다.

토바이를 대라고 할 것이다. 면허증을 보여주면 경찰관은 여러분이 헬멧을 쓰지 않았다든지 왼쪽 도로가 아닌 오른쪽 도로로 달렸다든지 하는 위반 사항을 얘기해준다. 그러면 현장에서 벌금을 물어야 하는데 대략 50만 동(약 22달러) 조금 넘는 금액이다. 여러분이 면허증이 없다고 하면 경찰들은 오토바이를 귀찮게 경찰서까지 끌고 가는 것보다 돈을 받는 데 관심이 있을 수 있다. 내 친구는 이런 상황에서 500달러를 요구받았지만 당장 현금이 없다고 하자 현금을 인출하라며 ATM까지 안내받기도 했다.

아니면 면허증과 오토바이를 압수당할 수도 있다. 그러면 경찰서를 방문해 서류를 작성한 다음 압수당한 것을 돌려받기 위해 금액을 지불해야 한다. 어떤 경우든 돈을 내야 하는 것이다.

외국인과 교통 법규

사실 경찰이 외국인 오토바이 운전자를 불러 세우는 일은 드문 편이다. 내 생각에는 베트남 경찰들이 영어로 검문하기가 불편하기 때문인 듯하다. 나는 어느 날 헬멧을 도난당해 쓰지 않고 검문소를 지나쳤지만 경찰에 잡히지 않았다. 이런 상황이 언제까지 지속될지는 모르지만 지금은 그렇다. 그래도 가끔은 경찰이 외국인을 잡기도 하니 그런 경우에는 앞서 얘기한 도움말을 참고하자.

안전

여기까지 읽었다면 베트남의 도로에서는 여러분 스스로가

정신을 차리고 살아남아야 한다는 사실을 알 것이다. 하지만 도로 위가 아니라 해도 여러분이 알아둬야 할 몇 가지가 있다.

하노이와 사이공 중에서는 사이공이 보통 더 거칠다. 강도가 오토바이를 타고 다가와 지갑이나 숄더백을 훔쳐 도망가는 사건도 있었다. 하지만 하노이라면 그런 얘기를 들어본 적이 없다. 베트남은 다른 나라에 비하면 꽤 안전한 편이다.

물론 어디서든 온갖 일이 다 생기기 때문에 베트남에도 악당들이 있다. 내가 아는 세 명의 젊은 여성은 하노이 외곽 숲길을 운전해 지나가다 현지인 남자가 오토바이로 길을 막더니 다가와 몸을 더듬는 추행을 당했다. 역시 내 친구인 영국인 젊은 남성은 저녁에 집에 돌아가다 노상강도를 만나 휴대폰을 빼앗겼다.

이런 사건들이 베트남의 명성을 더럽히기는 하지만 반대 사례도 있다. 한 친구는 오토바이 여행을 하다 고속도로에 여권과 현금이 든 배낭을 떨어뜨렸는데 베트남 가족이 주워 내용

안전 수칙

뻔한 잔소리같이 들리겠지만 다음의 예방적 조치들을 기억해두면 좋다.

- 카페에서 인터넷 서핑을 할 때는 가방을 신경 써라.
- 경제적 사정이 넉넉해도 티를 내지 말라.
- 한밤중에 도시의 낙후된 지역을 산책하지 말라.
- 사람이 많은 시장에서 부대낄 때는 돈 넣는 주머니가 있는 혁대를 사용하라.
- 오토바이 도난이 잦으니 주차할 때는 핸들 바를 잠갔는지 확인하고 대여점 주인에게 바퀴에 넣고 잠글 체인 록이 있는지 알아보라.
- 택시 운전사나 행상인이 바가지를 씌워도 화를 내기보다는 참는 게 좋다. 경찰이 여러분의 편을 들지 않는 경향이 있기 때문이다.

물에 든 정보를 보고 찾아주었다고 한다.

보건의료

베트남의 보건의료는 그야말로 '돈을 낸 만큼 받는다'는 원칙이 지배한다.

공공 의료기관은 비용이 적당하지만 그것이 유일한 장점이다. 오래 기다려야 할뿐더러 습하고 담배 냄새가 나며 시설도 좋지 않다.

의료진도 철저하고 질 좋은 보살핌을 제공하겠다는 동력이 부족해 보인다. 의사는 베트남에서 존경받는 직업이었지만 최근에는 사정이 달라졌다. 공공 병원에서 일하는 의사들은 한 달에 250~400달러 정도로 소득이 높지 않아 환자들에게 뇌물을 받기도 한다. 수련이 부족해 실력이 높지 않은 것도 문제다. 이런 이유로 베트남의 공공 병원은 추천할 만하지 않지만 다행히 대안은 있다.

사설 병원

베트남에는 외국인 환자들을 만족시킬 사설 병원이 있고 온라인에서 어렵지 않게 검색할 수 있다. 그런데 여러분이 보험에 들어있다면 다행이지만 보험이 없다면 비싼 의료비를 내야 한다. 나는 다리에 땀띠가 나서 병원을 찾았는데 의사를 만나는 데 80달러, 처방을 받는 데 20달러를 냈다. 이 정도면 돈이 어느 정도 드는지 감을 잡을 수 있을 것이다.

보험

그러니 보험에 드는 것이 정말 좋다. 이곳 오토바이가 위험하다는 이유 하나로도 보험에 들 가치가 있다. 보험료는 여러분이 아는 것처럼 연령과 건강 상태에 따라 다르다.

여러분이 베트남에서 일하는데 직장에서 보험을 들어주지 않는다면 고국에서 들었던 보험이 적용 가능한지 살펴보라. 단기간 머무르는 관광객이라면 트래블렉스Travelex나 알리안츠Allianz 같은 회사에 문의할 수 있다. 여행자 보험도 도움이 된다. 머무는 기간이 몇 달 정도라면 베트남에서 가장 큰 보험회사인 블루크로스 베트남Blue Cross Vietnam이나 바오비엣Baoviet의 상품을 알아보라. 여러분에게 필요한 시술이나 사설 병원의 치료에 보험이 적용되는지 확실히 살피는 게 좋다.

약국

베트남의 대도시에 가면 큰 교차로마다 약국이 한두 곳은 눈에 띌 것이다. 의약품은 저렴하고 처방전 없이 살 수 있는 일반의약품도 가격이 적당하다. 나는 베트남어를 못하던 시절 상표명이 아닌 약의 실제 이름을 조사해서 약사에게 보여주어 도움을 받았다.

치과

하노이에서 치과에 갈 일이 생긴다면 여러분은 인터넷 검색을 할 필요도 없다. 내가 살던 곳은 대충 둘러보기만 해도 치과가 여섯 군데나 있었다. 걱정이 되겠지만 이곳 치과는 괜찮다. 직원들은 여러분에게 필요한 도움을 주고 시설도 깨끗하다. 혹시 기대에 못 미친다면 예의 바르게 나오면 된다.

통상적인 치과 치료에 드는 비용은 보험만 있다면 적당하다. 비용이 저렴한 편이라 치과에 오기 위해 일부러 베트남을 찾는 외국인들도 있다. 비행기 표와 비자에 드는 비용을 합해도 남는 장사이기 때문이다.

여행 중에 만나는 응급 상황

베트남의 심각한 교통 체증은 모든 사람의 발을 묶는다. 구급차도 예외는 아니다. 내가 도로에 갇혀 있는데 바로 뒤에서 구급차가 사이렌을 울리며 옴짝달싹 못하던 일도 있었다. 내가 할 수 있는 일이라고는 구급차에 탄 불쌍한 영혼을 위해 기도하는 것뿐이었다. 그리고 몇 주 전에는 집에 가는 길에 한 베트남 남성이 길 위에 의식을 잃고 쓰러진 모습을 발견한 적이 있다. 머리에서 흘러나온 피가 고여 웅덩이를 이뤘다. 아마 뺑소니를 당한 사람인 듯했다. 근처 행인들이 구급차를 부르기에 나는 곧 오겠거니 생각하고 기다렸다. 한밤중이어서 교통 정체도 없었다. 하지만 구급차가 도착하는 데는 30분이나 걸렸다.

여러분이 베트남에서 급하게 병원에 갈 일이 생기면 구급차보다는 택시를 타라. 그리고 시골로 오토바이 여행을 간다 해도 약국이나 병원이 있는 지역을 택하라. 항상 몸조심하고 가방에 응급 약품을 챙겨 다니는 게 좋다.

학교

베트남 학생들은 눈을 뜨자마자 부지런히 책에 머리를 박고 공부에 열중한다. 여유가 있는 가정에서는 자식의 방과 후 과

© Jazzmany

베트남 학생들은 모두 교복을 입는다.

외 수업도 챙겨준다. 사립이든 공립이든 학생들은 거의 교복을 입는다. 학사 일정은 서양처럼 9월에 시작해 6월에 끝나며 일주일에 6일 등교한다.

베트남에서는 일단 의무교육을 받아야 하고 학교에 등록하려면 출생증명서가 필요하다. 하지만 돈이 없어 병원 분만실에도 가지 못하는 사람들이 있는 만큼 꽤 많은 아이들이 경제 사정으로 학교 문턱을 넘지 못한다. 원칙적으로 중학교까지는 학비가 무료다. 하지만 초등학교마저도 충분한 재정 지원을

학교 입학을 위한 서류들

- 학생의 출생증명서
- 학부모와 학생의 여권
- 부모 중 적어도 한 사람의 취업허가증, 고용계약서, 거주증
- 지원하는 학생의 표준화된 시험 점수와 학교 성적표
- 지원하는 학생의 의료 기록과 백신 접종 확인서

여학교에서는 졸업식 등 특별한 날에 교복 대신 베트남 전통복인 아오자이를 입기도 한다.

받지 못해 유지비에서 연필, 종이 값까지 학생들에게 많은 비용을 청구한다.

여러분이 아이를 베트남 공립학교에 보낼 생각이라면 이런 점을 알아둬야 한다. 하지만 공립학교는 건조한 암기식 교육이 주를 이루므로 아이가 무척 힘들어할 것이다. 커리큘럼과 교육방식이 보다 다양한 사립학교나 국제학교가 대안이 될 수 있다. 단 국제학교는 학비가 훨씬 비싸다. 뒤쪽의 부록에 하노이와 사이공의 국제학교 목록을 실었다. 여러 학교들이 1년 내내 지원서를 받는데 좋은 곳은 지원자가 많아 기다려야 할 수도 있다.

은행

HSBC, ANZ, 스탠타드차타드, 시티은행 등이 전부 베트남에서 영업한다. 막 도착해 은행 계좌를 만들지 않았다면 골칫

거리를 덜 수 있을 것이다.

현지 은행 중에서는 베트남 뱅크, 새콤뱅크, 아시아 커머셜 뱅크를 추천할 만하다. 여러분이 관광 비자만 갖고 있더라도 고용 계약서를 보여주고 집을 임대했다는 사실을 증명하면 은행 계좌를 만들 수 있다.

준비물은 다음과 같다.

- 여권과 비자
- 거주증(해당 사항이 있을 때)
- 고용 계약서
- 주소 증명 서류
- 현장에서 첫 예탁금으로 지불할 베트남동 현금. 대부분 은행에서 300만~600만 동을 요구함.

참고로 은행에 따라 다르지만 외국인은 일일 입금 한도액, 송금과 인출 한도액에 관해 현지인과 다른 규칙을 적용받는다.

현금 인출

여러분이 현금카드를 만들고 나면 ATM을 사용할 수 있다. 시골은 그렇지 않지만 도시 지역에는 ATM 기기가 많다. 하지만 대부분 일일 인출 한도가 200만 동(95달러)밖에 되지 않는다. 내가 발견한 바에 따르면 ANZ 은행의 기기는 500만 동이지만 말이다. 참고로 덧붙이자면 국제송금을 하거나 외국 현금카드로 인출할 때 수수료가 꽤 많이 붙는다.

적어도 하노이에서는 돈을 지불할 때 카드보다는 보통 현금을 쓰는 편이 처리가 빠르다. 호텔과 레스토랑뿐만 아니라 상점과 커피 전문점에도 신용카드 기기가 설치되는 추세지만 아직까지는 처리 시간이 무척 오래 걸린다.

세금

베트남에서도 세금은 내야 한다. 베트남 국민은 납세자와 비납세자로 과세 등급이 나뉜다. 현재 당국은 베트남에 영구적으로 거주하거나 임차해서 사는(183일 이상) 모든 사람을 납세자로 간주한다.

여러분이 1년에 183일 이상 베트남에서 살았다면 역시 납세자다. 머무른 기간이 그보다 적다면 비납세자다. 납세자에게는 차등제가 적용된다. 한 달 소득이 500만 동 이하면 소득의 5퍼센트가 최대 세율이다. 소득을 감안한 최대 세율은 현재 35퍼센트다. 베트남은 소득을 10가지 범주로 분류하며, 돈을 어디서 벌었는지도 세율에 영향을 준다. 여러분이 비납세자일 때 고용주가 외국인 노동자로 등록하면 소득세를 공제받을 수 있다.

6
베트남 음식

당신이 국가에 무엇을 할 수 있는지를 묻지 말라.
점심식사를 위해 무엇을 할 수 있는지를 물어라.

–오손 웰즈, 배우이자 감독

모든 것은 쌀국수에서 시작한다

나는 영어 수업에서 학생들에게 어떤 지역에서 어떤 음식이나 물건이 유명한지를 표현하도록 가르치는 중이었다.

"베트남은 어떤가요?" 내가 질문했다. "빈칸을 채워 보세요. 베트남은 …로 알려져 있다."

그러자 학생들은 조금도 망설이지 않고 입을 모아 외쳤다.

"쌀국수요."

쌀국수는 이곳에서 왕처럼 군림하는 기본 메뉴다. 외국에서도 베트남 식당에 가면 쌀국수를 팔기 때문에 여러분도 먹어 본 경험이 있을 것이다. 쌀국수를 뜻하는 단어 'pho'는 '퍼'라고 발음한다.

그릇에 쌀로 만든 국수(banh pho)와 닭고기 또는 소고기를 담고 국물을 붓는 것이 기본적인 조리법이다. 알고 보면 무척 간단하다. 베트남 사람들은 이 음식을 매 끼니라도 먹을 수 있다. 젓가락으로 국수를 먹고 바닥이 편평한 금속 숟가락으로 국물을 떠먹으면 된다. 그릇째 들고 후루룩 거리며 입을 대고 마셔도 괜찮다.

추천 메뉴

대부분의 베트남 식당은 앞에 커다란 메뉴판이 있어 무엇을 파는지 쉽게 알 수 있다. 하지만 대부분 음식 이름을 영어

베트남에서 흔하게 볼
수 있는 쌀국수 식당.

로 표기하지 않고 그림도 없어서 나는 처음에 아무 메뉴나 짚어서 시키곤 했다. 놀라운 사실은 이렇게 무작위로 시켜도 실망했던 적이 없다는 점이다. 다음은 내가 몇 달 동안 고민하며 정리한 개인적인 추천 메뉴다.

분짜Bun cha

구운 돼지고기에 하얀 쌀국수를 채소와 곁들여 먹는 음식이다. 잘게 썬 채소와 피시 소스를 섞은 특별한 소스가 나온다. 전 미국 대통령 오바마도 2016년에 하노이를 방문해 유명 요리사 앤서니 보데인Anthony Bourdain과 함께 분짜를 먹었다. 오바마가 방문한 지 몇 주 뒤에 나도 시내에서 분짜를 판다고 적힌 아무 식당이나 들어가서 이 메뉴를 시켰는데, 우연히도 그곳이 오바마가 들렀던 그 식당이었다. 분짜와 차가운 하노이 맥주로 구성된 '오바마 세트'도 있었다(참고로 밝히자면 이 식당의 이름은 '분짜 흐엉 리엔(Bún Chả Hương Liên)'이고 주소는 하노이 하이바쭝 구에 있는 '24 Le Van Huu'이다).

반미Bahn mi

베트남 사람들은 프랑스를 몰아냈지만 바게트 빵까지 몰아내지는 않았다. 반미는 바게트 빵을 잘라서 그 안에 구운 돼지고기나 닭고기, 달걀 프라이, 파테(빠떼), 오이를 채워 넣은 샌드위치다. 여러분이 재료를 고르면 샌드위치를 만들어 가져다준다. 여러분이 스스로 의사와 상관없이 어쩌다 베트남에 왔다면 이 퓨전 음식이 현지 맛에 적응하기 전의 입구 역할을 할 수 있다. 사람들이 바쁘게 일하는 곳에서는 길거리에서 반미를 판다. 바게트 빵이 든 높이 솟은 바구니를 찾아보라.

퍼 찌엔 지온Pho chien gion

앞서 소개한 음식들처럼 흔하지는 않지만 내가 제일 좋아하는 베트남 음식이다. 쌀국수를 튀겨서 자른 다음 거의 피자 조각 같은 모습으로 접시 위에 담고 청경채나 브로콜리, 튀긴 고기 같은 각종 재료를 올린다. 그리고 간장 소스에 적셔서 먹는다. 기름을 많이 써서 혈관에 기름이 흐르는 기분이 들 수도 있지만 맛은 무척 좋다.

더 많은 음식들

베트남을 고루 여행한 사람들의 말에 따르면 북부 음식은 좀 더 짜고 남부 음식은 달다고 한다. 수프 하나만 봐도 베트남 사람들은 무척 다양한 방식으로 배합해 요리한다. 다음은 그중 몇 가지에 대한 간단한 소개다.

- **반 꾸온**(Banh cuon): 반투명한 춘권 피에 돼지고기와 새우, 초록색 채소를 넣은 음식이다. 가끔은 튀긴 양파를 약간 섞기도 한다.
- **반 콧**(Banh khot): 쌀로 만든 한입 크기의 떡에 허브와 채소, 새우를 얹은 음식이다.
- **반 짱 쫀**(Banh trang tron): 라이스페이퍼를 찢은 다음 허브, 오징어, 메추리알, 각종 해산물과 섞은 매콤한 간식이다.
- **반 쎄오**(Banh xeo): 쌀가루 반죽에 돼지고기나 새우를 넣어 부친 음식이다. 채소를 곁들여 맛의 균형을 맞춘다.
- **보 코**(Bo kho): 소고기와 채소를 넣은 베트남식 스튜다.
- **밧 찌엔**(Bat chien): 튀긴 떡에 그린어니언과 달걀을 올려서 먹는다.

© Nguyen Anh Tuan

음식점에서 반 꾸온을 만드는 모습.

반미 샌드위치를 만들어 파는 식당.

- **분 보 후에**(Bun bo hue): 소고기를 넣은 국물 쌀국수로 레몬그라스 향이 난다.
- **분 리에우**(Bun rieu): 두부와 해산물을 넣은 국물 쌀국수다.
- **분 팃 느엉**(Bun thit nuong): 쌀국수지만 국물이 없다. 분짜의 사촌 격으로 얇은 쌀국수에 허브와 돼지고기, 달걀을 곁들여

먹는다.

- **까 코 또**(Ca kho to): 푹 삶은 메기를 잘라 먹기 전에 양념을 해서 낸다.
- **짜 까**(Cha ca): 빠르게 볶아 낸 생선에 양파, 쌀국수를 곁들인 해산물 음식이다.
- **껌 빈 단**(Com binh dan): 돼지고기나 생선, 두부를 밥과 같이 먹는 음식이다.
- **껌 땀 스언 느엉**(Com tam suon nuong): 부스러기 쌀(정미하는 과정에서 부서진 쌀로 남부에는 이런 쌀이 흔하다)을 구운 고기와 같이 먹는다.
- **고이 꾸온**(Goi cuon): 춘권피에 해산물과 얇은 국수를 싸서 먹는다.
- **후 띠에우 남 방**(Hu tieu nam vang): 또 다른 국물 쌀국수로 돼지고기와 새우가 들어간다.
- **팃 보 느엉 라 롯**(Thit bo nuong la lot): 소고기를 양념해 구장나무 잎에 싼 음식이다.

길거리 음식들

베트남에서 출퇴근 시간에는 길가에 작은 손수레들이 나타난다. 상인들은 이 작은 부엌에서 반미, 쌀국수, 케밥을 비롯한 온갖 음식을 만든다. 빠르게 완성된 이 음식들은 3만 동(약 1500원)도 되지 않는다. 사실 자세히 들여다보면 이 작은 부엌은 오토바이다.

상인들은 오토바이에 사이드카 같은 구조물을 붙이고 그 위에 스토브와 선반을 올린다. 그런 다음 오토바이 시동을 켜고 오늘 장사할 곳을 찾는다. 내가 사이공에서 만난 한 관광객은

© KiltedArab

오토바이 위에 뚝딱 차려진 부엌. 출퇴근길 어디서나 이런 노점상을 만날 수 있다.

반미를 파는 이런 상인에게서 사기를 당했다고 한다. 10만 동을 내고 거스름돈이 7만 동이었는데 2만 동만 내주고는 돈이 없다며 오토바이를 몰고 떠났다는 것이다.

식당

식당은 베트남 어디에나 있다. 오토바이를 몰고 왔다면 그저 식당 앞 보도에 올라가 직원의 안내대로 주차하면 된다. 베트남 식당은 대부분 비좁아서 안에 들어가면 다들 알루미늄 식탁 앞에 잔뜩 몰려 앉아있다. 사람들은 입을 벌리고 음식을 씹으며 너무 빨리 먹어 치우고 고기 연골과 냅킨이 바닥에 마구 떨어진다. 정신없는 현장이다.

몇몇 주의사항들

베트남에서는 대부분의 길거리 식당에서 접시나 젓가락을

식사할 때의 도움말

다음은 베트남에서 지인과 식사를 하거나 누군가의 집에 초대를 받았을 때 참고할 만한 지침이다.

- 식당에서 직원을 부를 때는 '반 오이'라고 외쳐라. '이봐 친구, 여기 좀 와 봐' 정도의 뜻이다.
- 식기를 사용하기 전에 냅킨으로 닦아라.
- 다른 사람에게 접시를 건넬 때는 양손을 사용하라. 예의 바를뿐더러 음식도 흘리지 않는다.
- 공동으로 사용하는 접시에서 음식을 직접 집어 먹지 말라. 자기 접시에 먼저 옮긴 다음 먹어라.
- 한 손으로 개인 그릇을 집어 들고 다른 한 손으로 젓가락을 잡는 건 괜찮다.
- 좋아하는 음식만 먹지 말고 식탁에 놓인 모든 음식을 골고루 맛봐라. 다른 사람에게도 여러분이 좋아하는 음식을 먹어볼 기회를 줘야 한다.
- 비슷한 이유에서 고기는 보통 전체 식사에서 가장 비싼 음식이니 혼자서 너무 많이 먹지 말라.
- 배가 부르면 다른 사람이 음식을 더 권하기 전에 이제 못 먹겠다고 소리 내 얘기하라.
- 식사를 다 했으면 밥그릇 위에 젓가락을 올려놓아라. 여러분이 배가 불러 더 못 먹는다는 또 다른 신호다.
- 가부장제적인 풍습 때문에 식당에서는 남자들이 먼저 서빙을 받을 것이다.
- 베트남에는 팁을 주는 관습이 없다.
- 급하지 않다면 천천히 음식을 즐겨라. 베트남에서 한 끼 식사는 우정과 결속을 다지는 공동체적인 의식이다.

세제를 풀어 설거지하는 대신 찬물이 든 플라스틱 바구니에 넣어 헹구고 만다. 맥주도 이전 사람들이 먹다 남긴 잔여물을 씻지 않고 그대로 부어 내온다. 베트남에도 보건부가 있지만 가게 주인들은 단속을 겁내는 것 같지 않다. 그런 만큼 식중독은 여기서 으레 거치는 통과의례로 생각하는 게 속편하다. 나는 지금까지 두 번 걸렸는데 운이 좋은 편이라 생각한다.

추천 식당

지저분한 식당에서 식사를 하고 돈을 아꼈다면 이제 숙련된 요리사가 만드는 음식을 먹을 차례다. 베트남에는 다양한 고급 식당이 있다. 다음은 추천할 만한 곳이다.

하노이

- **꾸안 안 응온**(Quan An Ngon): 전통 음식인 끼엠 퍼와 응암 누 퍼, 반 꾸온, 구운 오징어, 뜨거운 국물 요리를 판다. 하노이에 여러 지점이 있다.
- **라 베르티칼 하노이**(La Verticale Hanoi): 오리고기 전채요리, 레몬그라스를 곁들인 참치, 징거미새우와 고수를 곁들인 팽이버섯 요리가 있다. 프렌치 레스토랑이니 음식에 어울리는 괜찮은 와인을 기대해도 좋다.
- **포츠 앤 팬스**(Pots 'n Pans): 분짜이 쌀국수, 채소와 허브를 넣은 춘권, 연밥과 버섯을 넣은 수프를 맛볼 수 있다.
- **하노이 소셜 클럽**(The Hanoi Social Club): 서양식 아침식사, 샐러드, 햄버거, 샌드위치가 나온다. 공연예술을 하는 장소이기도 하다.

사이공

- **동 퍼 레스토랑**(Dong Pho Restaurant): 분 보 후에 수프, 연어 수프, 올리브 소스를 곁들인 닭고기가 나온다. 프랑스식 샐러드와 해산물도 주문할 수 있다.
- **껌 니에우 사이공**(Com Nieu Sai Gon): 만두, 봉 라우 생선 수프, 으깬 쌀인 껌 덥이 나온다. 요리사 앤서니 보데인이 추천한 식당이다.

- **나 항 응온 레스토랑**(Nha Hang Ngon Restaurant): 구운 게, 춘권, 쌀떡에 새우가 올라간 반 콧, 여러 종류의 쌀국수를 즐길 수 있다. 오래된 프랑스식 저택을 개조한 식당이다.
- **라 빌라 프렌치 레스토랑**(La Villa French Restaurant): 프랑스 와인, 푸아그라, 팬에 구운 오리 가슴살, 구운 돼지고기 요리가 나온다.

특별식

채식

베트남 문화는 불교가 바탕에 깔려 있어 채식 식사를 쉽게 찾을 수 있다. 채식주의자를 뜻하는 단어 짜이chay를 기억해두면 식당에서 주문할 때 편하다. '또이 안 짜이(Toi an chay)'라고 하면 '나는 채식주의자예요'라는 의미다. 고기가 들어있지 않은 음식을 주문하고 싶다면 '콩 팃(khong thit)'이라고 하면 된다. '고기 없는'이라는 뜻이다. 더 안전하게 주문하고 싶으면 베트남 현지 친구와 같이 식당에 가자.

할랄 음식

베트남의 시골 지역이나 소도시에서는 할랄 음식을 거의 찾을 수 없다. 하지만 대도시라면 큰 식료품점에 할랄 음식과 간식류가 있을 것이다.

음식 알레르기가 있다면

견과류에 알레르기가 있다면 이렇게 말하자.

"증 쪼 넛츠, 또이 콩 안 드억(Dung cho nuts, toi khong an duoc. 견과류는 먹을 수 없습니다).'

다른 식품에 알레르기가 있다면 위의 문장에서 넛츠 자리에 그 단어를 넣어라.

- 수아(Sua, 유제품)
- 도 비엔(Do bien, 해산물)

길거리 술집

여행하면서 술을 아예 마시지 않는 사람은 드무니 다음 정보는 꽤 요긴할 것이다. 서양과 베트남이 어우러진 술집이 다 들를 수 없을 만큼 많다. 서양식 바에 대해서는 어느 정도 알 테니 베트남에서만 볼 수 있는 길거리 술집에 대해 알아보자.

북부

하노이와 인근 지역 사람들은 하루를 비아허이로 마감한다. 비아bia는 여러분도 짐작하겠지만 비어beer를 베트남식으로 r을 없애 발음한 것이고, 허이hơi는 '공기' 또는 '가스'라는 뜻이다. 비아허이는 맥주 이름이기도 하고 맥주를 마시는 장소를 말하기도 하다. 지역에서 매일 아침 양조해 통에 담아 실어 나른다. '공기 맥주'라는 이름처럼 가벼운 맛이고 알코올도수 3퍼센트 정도다.

저녁에 마시는 맥주는 마음을 누그러뜨리는 역할을 한다. 베트남 사람들도 맥주를 좋아해 여러 잔 마신다. 하지만 서울이나 베이징, 도쿄 같은 동북아시아 이웃들처럼 정신을 놓을 때까지 마시지는 않는다.

술집에 가면 점원들은 청하지 않아도 잔이 비면 채워주며 다음과 같은 음식도 판다.

- **라우**(Lau): 같이 쓰는 냄비에 채소, 달걀, 고기, 해산물을 넣고 전골처럼 끓여 먹는다. 베트남 사람들이 저녁식사로 즐겨 먹는 요리다.
- **껌 랑 두아 보**(Com rang dua bo): 쌀과 소고기를 튀긴 음식이다.
- **가 합 라 짠**(Ga hap la chanh): 레몬 잎을 넣어 찐 닭 요리다.
- **미 싸오 보**(Mi xao bo): 소고기를 넣은 튀긴 밀국수다.
- **보 싸오 까이 싼**(Bo xao cai xanh): 소고기와 청경채를 재빨리 볶아 낸 요리다.
- **짜우 싸오 라 롯**(Trau xao la lot): 버펄로 윙을 재빨리 볶아 초록색 잎으로 싼 요리다.

하노이의 한 술집 입구에 붙어 있는 '비아허이' 스티커.

- **엑 싸오 망**(Ech xao mang): 개구리를 대나무와 함께 볶은 요리다.

남부

사이공을 걷다 보면 북부와는 달리 비아허이 술집이 얼마 없다. 병맥주를 쟁여둔 비어 가든도 별로 보이지 않는다. 대신 남부에는 유럽 전통의 체코식 비어홀이 있다. 나는 사이공의 소형 양조장이 밀집한 지역인 파스퇴르 거리를 걷다가 이런 비어홀 중 한 곳에 들어갔다. 바닥은 나무이고 서까래가 높이 솟아있으며 직원들은 옥토버페스트 할로윈 복장의 두 배는 될 듯한 옷을 입었다. 그리고 거의 소행성처럼 거대한 통에서 맥주를 양조하는 중이었다. 직원들은 크고 무거운 유리 머그잔에 따른 유럽식 맥주를 내준다. 메뉴판을 보기 전까지는 여기가 베트남인지 도저히 실감할 수 없었다.

커피와 차

프랑스가 커피를 가져온 이후로 베트남은 커피콩을 받아들였다. 오늘날 이 나라는 전 세계에서 커피를 두 번째로 많이 수출한다. 커피는 중부 고지대와 남동부 지역에서 자란다.

베트남에서는 커피 생산과 발맞추어 카페 문화도 빠르게 발달했다. 카페 간판은 대개 작아서 눈에 잘 띄지 않는다. 상업적인 마케팅을 의식한 가게가 아니기 때문이다. 도시에 카페가 얼마나 많은지 실감하려면 멈춰 서서 잠깐 자세히 들여다봐야 한다. 얼마나 많은 선택지가 있는지 알 수 있다. 베트남에서는 카페에 느긋하게 앉아 상대방과 커피를 마시는 것이

베트남 사람들의 일상적 공간으로 자리 잡은 카페.

사회 생활의 일부다. 바쁘게 돌아가는 도시의 흐름을 잠깐 차단하고 여유를 누릴 수 있다. 뜨거운 차와 스무디, 버블티도 준비되어 있다.

베트남식 커피

카페에서는 프랑스식 드립필터로 강한 맛을 내는 커피를 내려준다. 베트남어로는 커피를 까페ca phe라고 하는데 보통 잔

흡연

베트남에서는 다른 나라와 달리 아직 사람들이 담배를 많이 피운다. 내가 중년의 베트남 남성 몇몇에게 취미가 뭐냐고 물었더니 '길거리에서 신문을 보면서 담배를 피우는 것'이라 답할 정도였다. 몇몇 사람들은 문자를 보내면서 담배를 피우는데 심지어 오토바이를 몰면서 이렇게 멀티태스킹을 한다. 북부의 시장에 가면 베트남식 담배(트억 라오)를 대나무 파이프에 담아 피울 수 있다. 꽤 독하기 때문에 자리를 잡고 앉아서 피워라.

보통 잔 바닥에 연유를 깔고 드립필터로 진한 커피를 내려서 먹는다.

바닥에 연유를 한 층 깔고 커피를 부으면 여러분이 저어서 마시는 식이다. 연유가 너무 달게 느껴진다면 블랙커피에 우유를 섞은 '까페 수아ca phe sua' 또는 '까페 나우ca phe nau'를 마셔보자. 나는 스스로 카페인에 익숙하다고 생각해 아무것도 넣지 않은 커피를 주문해봤는데 베트남 블랙커피는 차마 마시지 못할 만큼 썼다.

'박 씨우(bac xiu)'라 불리는 연유를 많이 넣은 아이스커피도 있다. 메뉴에 있다면 시켜보자.

익숙한 음료가 좋다면

베트남에서는 여러분에게 익숙한 직접 내린 원두커피를 찾기가 힘들다. 물론 베트남에도 스타벅스가 있다. 또 그와 비슷한 곳을 찾고 싶다면 하이랜즈 커피Highlands Coffee에 가보자. 벽에 평면 텔레비전이 걸린 안락하고 멋진 공간을 제공하며 에스프레소 샷을 뜨거운 물에 탄 아메리카노를 판다. 남부로 내려가면 푹롱 커피앤티Phuc Long Coffee & Tea가 인기 있는 커피 체인

점이다. 현지 주민들은 여기서 복숭아차와 밀크티를 마신다.

길거리의 작은 카페에서는 베트남 사람들이 프랑스에서 가져온 재료로 만들어낸 다양한 음료를 판다. 설명만 들으면 이상할 것 같지만 한번쯤 마셔보라.

- **수아 쭈아 까페**(Sua chua ca phe): 잔에 요구르트를 담고 위에 커피를 살짝 붓는다. 가끔은 과일을 섞기도 한다. 마시기 전에 내용물을 잘 저어라.
- **까페 쭝**(Ca phe trung): 달걀을 넣은 커피다. 맛이 이상할 것 같지만 한번 마셔보라. 재료의 맛이 한데 어우러져 초콜릿 비슷한 맛이 난다.
- **신 토 까페 쭈오이 보**(Sinh to ca phe chuoi bo): 커피를 아보카도, 바나나와 함께 섞어 만든 스무디다.

패스트푸드

베트남에도 세계화의 바람이 불어 패스트푸드 체인점이 들어와 있다. 버거킹, 맥도널드, KFC, 피자헛, 도미노피자, 배스킨라빈스, 파파이스 같은 가게는 여러분에게 도피처를 제공해준다. 나도 예외는 아니다. 롯데는 하노이 한복판에 높은 빌딩을 세웠는데 그래서인지 롯데리아 점포도 베트남에서 볼 수 있다.

배달 음식

앞서 베트남 사람들이 오토바이로 무엇이든 실어 나른다는 얘기를 했다. 그러니 당연히 오토바이로 먹을 것도 배달이 가능하다. 식당 음식을 배달해 먹을 수 있는데 직접 통화해 주문할 때는 베트남 친구의 도움을 받는 게 좋다. 서양 음식을 배달시킨다면 직원들이 대부분 영어로 주문을 받을 수 있다. 여러분이 골목 한 구석에 산다면 배달원이 길을 잃고 전화를 걸겠지만 말이다. 팁을 주는 문화는 아니지만 약간의 배달료는 받을 것이다.

베트남 도시에서 음식과 식재료를 배달시키려면 다음 웹사이트에 들어가보자.

- www.vietnammm.com
  ('m'이 세 개다. 이 웹사이트는 스마트폰 어플도 있다.)
- eat.vn
- chop.vn

함께 식사하기

베트남 사람들은 다른 사람과 친해지기 위해 집이나 식당에 초대해 함께 식사를 한다. 여러분도 집에 누군가를 초대하는 일을 두렵게 여기지 말아야 한다. 경험상 베트남 친구들은 빈손으로 오는 대신 재료를 사와서 춘권을 어떻게 만드는지 가르쳐주고 식사가 끝나면 설거지도 도왔다. 저녁을 같이 먹다 보면 손님들과 더욱 친해지고 연결되는 기분이 든다.

7
베트남 문화 여행

문화는 정말로 소중하다.
문화가 없다면 우리는 다들 전체주의적인 괴물이 될 것이다.
–노먼 메일러, 작가

문화와 예술

현대 베트남 문화는 54개 민족의 생생한 창의성이 수천 년 동안 중국의 영향이라는 여과지를 거쳐 내려온 모습이다. 게다가 여기서 그치지 않고 이후 나라가 둘로 갈라져 각자 프랑스, 포르투갈, 캄보디아, 미국의 문화를 받아들였다. 그렇게 수십 년이 지나 두 나라가 합쳐진 모습이 전체적으로 어떨지 궁금하지 않은가?

음악

베트남에도 이웃 나라와 구별되는 대중음악이 있다. 그렇다면 전통음악은 어떤 형태일까? 다행인지 불행인지 몰라도 여러분은 좋든 싫든 전통음악을 듣게 될 것이다.

나는 영어 수업을 듣는 학생들에게 베트남의 비틀즈가 누구인지 물어본 결과 찐 꽁 손(Trinh Cong Son)이라는 대답을 들었다. 베트남전을 전후해 활동하던 발라드 작곡가라고 한다.

북베트남은 오래 전부터 류트의 일종인 까 쭈ca tru를 연주하고 타악기가 배경에 깔린 음악이 있었다. 13세기에는 홍강 삼각주 근처 박닌성에서 꾸안 호quan ho라 불리는 민요가 탄생했다. 꾸안 호는 2009년에 유네스코 무형 문화유산으로 등재된 바 있다. 한편 남부에서는 전통적인 노래에 기타와 바이올린을 같이 연주하는 경향이 있다.

내가 베트남 음악에 대해 놀란 점은 도시 외곽으로 나가면 길가에서 음악을 연주하는 사람이 어디에나 많다는 것이다.

연주자들은 마이크 뒤에 서서 지나가는 차들을 향해 전통음악을 들려준다. 다소 귀에 거슬리는 코드 전환이 많은 이 음악은 헤드폰과 헬멧을 써도 무척 크게 들린다. 서양 음악에 익숙한 나로서는 이해하기가 쉽지 않았다. 비아허이 술집에서 마이크와 스피커를 들고 크게 노래 부르는 사람도 있었다. 나만 시끄러운 건 아니었는지 술집 주인이 약간의 돈을 쥐어주고 그 남자를 쫓아냈다.

서예

베트남의 길거리 상점에 들어가면 투 팝thu phap이라 불리는 서예 작품을 발견할 수 있다. 여러분의 예상을 벗어나는 점이 있다면 중국 한자가 아니라 로마자라는 사실이다. 멀리서 보면 한자와 비슷한 것 같지만 가까이서 보면 알파벳이다. 하지만 베트남식 서예와 서양의 캘리그라피는 근본적인 차이가 있다. 베트남의 서예는 깔끔하게 정보를 전달하기보다는 감정과 느낌으로 소통하는 것을 중요하게 여긴다.

서예가들은 펜이 아닌 중국의 서예용 붓을 사용해 특정 단어나 구절에 담긴 감정을 전한다. 가끔은 문자에 상징 기호나 그림을 넣기도 한다. 이들의 작품에는 동양과 서양이 뒤섞였으며 여기에 중국의 양식이 반영된다. 잘 찾아보면 서예가들이 사람들 앞에서 하는 실시간 퍼포먼스를 구경할 수 있다.

실크 페인팅

베트남 사람들은 식민지 시대에 유럽인들로부터 오일 페인팅을 배워 자기만의 기술로 가다듬었다. 2차 대전 이전 시기를 실크 페인팅의 황금 시대라 부르기도 한다. 먼저 풀을 먹인

비단을 틀 안에 펼치고 수채물감으로 물들인다. 이 수채물감은 보통 하늘이나 바다 같은 그림의 배경이 된다. 비단이라는 재료의 질감은 색을 생생하게 살리면서 다른 세계와 같은 신비로움을 더한다. 작품을 제작하는 데는 꽤 오랜 시간이 들고 고되지만 시장이나 작은 화랑에서 5~50달러 정도에 살 수 있다.

무술

한국에 태권도가 있고 일본에 가라테가 있다면 베트남에는 보비남Vovinam이라는 전통 무술이 있다. 무장을 하거나 하지 않은 상태로 진행되는 보비남 경기를 관전하다 보면 창의성이 큰 역할을 한다는 사실을 알 수 있다. 학생들은 다리를 가위처럼 벌리며 차는 시저 킥과 상대를 붙잡고 벌이는 격투뿐 아니라 단검, 지팡이, 막대기로 싸우거나 자기를 방어하는 법도 배운다. 심지어 우산 같은 일상 소품을 활용하기도 한다. 그래서 보비남을 연습하는 모습을 보면 성룡 영화를 보는 듯하다.

프랑스 식민지 시대가 끝날 무렵인 1930년대에 시작된 보비남은 역사가 짧은 편이다. 이 무술이 식민지 지배에 대항해 민족의 자긍심을 찾으려는 과정에서 나온 산물이라는 이야기도 있다. 원래의 무술 동작은 창시자인 응우옌 록Nguyen Loc이 만들었다. 록은 베트남의 전통 무술을 가라테, 태권도, 쿵푸와 결합했다. 오늘날 보비남 수련자들은 보푹vophuc이라는 느슨한 푸른색 유니폼을 입고 자기 등급을 나타내는 허리띠를 두른다. 수련생이 받을 수 있는 최고 등급은 빨간색이다.

한때 정치적 동기에서 시작되었던 이 무술은 이제 개인적인 단련과 자아의 극복에 집중하고 있다. 보비남을 가르치는 학교에서는 학생들이 무술을 자기 방어와 정의 수호를 위해서만 활용하도록 한다. 다른 무술과 마찬가지로 보비남 수련생의 목표는 자기 에너지를 최소로 들여 효율적인 결과를 얻는 것이다.

수상 인형극

이 인형극은 베트남에서 천 년 넘게 오락거리로 행하던 공연예술이다. 북베트남 사람들은 물이 찬 논에서 인형극을 벌여 지역 주민들에게 즐거움을 줬다.

오늘날에는 물을 인형의 허리 깊이로 채운 극장 무대에서 인형극을 상연한다. 소규모 관현악단과 가수들이 무대 옆에 자리하며, 인형을 조종하는 사람들은 무대 뒤에 숨는다. 인형은 나무로 깎아 라커와 페인트칠을 한 다음 베트남 전통의상을 입혔다. 극의 줄거리는 일상적인 마을 생활과 설화, 역사의 한 장면으로 구성된다. 나는 하노이의 탕롱 극장에서 인형극을 관람한 적이 있는데 예상보다 정교하고 볼 만한 공연이었

농경문화의 해학을 담은 수상 인형극.

다. 베트남어를 알아듣지는 못했지만 사람들의 웃음이 끊이지 않는 것으로 보아 꽤 재미있는 코미디인 듯했다.

축제와 국경일

베트남의 각 지역별 온갖 크고 작은 축제와 행사를 전부 꼽아보자면 수백 가지는 될 것이다. 다음 페이지의 박스에는 그 중에서도 큰 행사와 공휴일을 정리해놓았다. 그리고 더 중요한 베트남 명절에 대해서는 본문에 직접 설명할 것이다. 베트남의 명절과 공휴일은 음력을 따르기 때문에 날짜는 해마다 달라진다.

구정

베트남에서 구정은 크리스마스와 신정 설날을 합친 만큼 큰 명절이다. 겨울이 가고 봄이 왔다는 사실을 알리는 2주에 걸친 축제 기간으로, 날짜는 매해 달라지지만 1월 말 또는 2월 초다.

이 기간에 도시에 사는 베트남 사람들은 고향에 내려가 가

구정 풍경

구정 명절이 시작되면 도시는 텅텅 비고 큰 도로는 꽉꽉 막힌다. 사람들은 가족끼리 오토바이에 짐을 잔뜩 싣고 고향으로 떠난다. 명절 기간에는 베트남 전역의 회사나 가게들이 각자 다른 날짜에 문을 닫는다. 내가 좋아하는 카페는 이틀 동안만 문을 닫았지만 내가 일하는 학교는 2주를 꽉 채워 쉬었다. 여러분이 이 기간 동안 베트남에 머무른다면 생활필수품은 미리 챙겨야 한다.

베트남의 축제와 국경일

봄

- 설날(1월 1일): 다들 좋아하는 날이다. 새해 결심을 하고 불꽃놀이를 한다.
- 공산당 창건일(2월 3일)
- 구정(1월 말/2월 초): 베트남에서는 이때부터가 진정한 새해다.
- 하이바쯩의 날(음력 2월 6일): 기원후 40년 중국의 지배에 대항한 쯩 자매의 반란을 기리는 날이다.
- 청명(음력 3월 3일): 조상의 묘를 찾아 깨끗하게 치우는 날이다.
- 훙왕 제사일(음력 3월 10일): 베트남을 건립한 왕을 기리는 날이다.
- 통일 기념일(4월 30일): 1975년 남베트남이 패망하고 그에 따라 1976년 베트남이 다시 통일을 이룬 것을 기념하는 날이다.
- 노동절(5월 1일)
- 호찌민 탄생일(5월 19일)

여름

- 부란절(음력 7월 14일/15일): 베트남에서 두 번째로 중요한 명절이다. 친척이 없어 외롭게 떠도는 영혼을 위해 음식을 바친다.

가을

- 중추절(음력 8월 15일): 수확의 계절 가을의 한가운데에 해당하는 날이다. 가족끼리 모여서 명절을 즐기는데 시골이나 외딴 소도시에서는 특히 더 이 날을 중요하게 여긴다.
- 독립 기념일(9월 2일): 호찌민이 베트남의 독립을 선포한 날을 기념한다. 학교나 직장이 쉬고 도시의 랜드마크 주변으로 퍼레이드와 불꽃놀이가 벌어진다.
- 여성의 날(10월 20일): 고마운 여성에게 꽃다발을 전하는 날이다.
- 스승의 날(11월 20일): 학생과 학부모들이 학교 선생님에게 작은 선물을 한다. 선생님이 은퇴했다면 학생들은 집에 찾아가기도 한다.

겨울

- 공자 생일(11월 또는 12월)
- 크리스마스(12월 25일): 대도시의 가톨릭 성당에서 자정 미사를 올린다. 하지만 나머지 사람들은 일을 쉬지 않고 일상생활을 한다.

구정에 먹는 떡, 반 쭝.

족을 만난다. 그리고 반 쭝banh chung(돼지고기와 완두콩을 넣어서 찐 쌀떡을 라동 잎으로 싼 음식)과 춘권을 마음껏 먹으며 쌀로 빚은 술을 마신다. 가족과 친척끼리 선물을 주고받는 날이기도 하지만 크리스마스처럼 상업화된 분위기는 아니다. 또 어른들은 돈을 화려한 붉은색 봉투에 넣어서 아이들에게 준다. 액수는 자유지만 많을수록 그해 행운이 따른다는 믿음이 있다. 아이가 아닌 어른들도 서로 오래 살기를 기원하며 돈을 주고받는다.

직장 상사나 동료에게 선물을 주려면 연휴가 시작되기 전에 준비해서 줘야 한다. 명절에는 다들 고향에 내려가기 때문이다. 길거리에서 파는 차나 커피, 쿠키, 잼이 들어간 큼지막한 세트 정도면 적당한 선물이다.

부란절

이 날은 초자연적인 믿음을 바탕으로 한 명절이다. 지하세계의 문이 열려 굶주리고 헐벗은 영혼이 고향 마을에 돌아오는 날이다. 사람들은 이 영혼들을 위해 기도문을 외고 지폐와 옷가지를 태운다. 그밖에 베트남 사람들은 이 날 전쟁으로 시신을 수습하지 못한 수백만 희생자들의 넋을 기린다. 희생자 가족들은 '바람 무덤(마 지오)'이라 불리는 시신이 없는 빈 묘지를 만들어 방황하는 영혼이 쉴 곳을 만들기도 한다. 또 청명과 마찬가지로 베트남 사람들은 부란절에 조상의 묘를 찾아 깨끗하게 청소한다.

중추절

중추절 또는 추석은 중국에도 있는 명절로 가족과 마을 사람들이 한 해의 수확을 축하하는 날이다. 보름달이 뜨면 아이들은 가면을 쓰고 잉어 모양의 등을 들고 다니며 과일이나 월병을 먹는다. 길거리에는 북이 둥둥 울리고 사람들이 용춤과 사자춤을 춘다.

© Saigoneer

중추절에 열린 축제에서 용 모양의 등을 들고 퍼레이드를 벌이는 사람들.

이 명절이 땅의 신에게 풍요로운 수확에 대해 감사하는 날이기는 하지만 사실 주인공은 거의 아이들이다. 이전 세대 부모들은 농촌에서 수확을 하느라 아이들에게 소홀했기 때문에 중추절 이후에는 아이들에게 집중하려 한다.

후에나 호이안 같은 도시에서는 등불 축제를 하는데 밤에 보면 꽤 대단하다. 길거리며 다리를 화려한 색의 등불이 물들인다. 도시는 사람들이 좀 더 사무적인 태도를 취해 축제나 행사를 그렇게 많이 하지는 않는다. 나는 하노이에 사는데 내가 알아차리지도 못하는 사이에 중추절 축제가 끝나 버렸다.

즐길 거리

베트남은 혼잡한 도시의 회색 지대에 녹색 공간을 도입해 균형을 맞추려 한다. 사람들은 타일 위로 스케이트보드를 타고 길 사이에 배드민턴 네트를 친다. 조깅하는 사람들이 공원 주변을 돌고 웃통을 벗은 은퇴자들이 팔굽혀펴기나 스트레칭을 한다. 저녁에는 나이 든 아주머니들이 스테레오를 켜고 열 맞춰 서서 춤을 춘다.

사이공 사람들은 두 명 이상이 20미터쯤 간격을 벌리고 서서 왔다 갔다 하며 털실 공을 차기도 한다. 테니스처럼 상대방이 받아치지 못하도록 공을 차는 것이 목표다. 꽤 기술이 필요한 운동이라 옆에서 보고 있으면 놀랍다.

공원은 비공식적으로 언어 교환 학습이 일어나는 장이기도 하다. 외국인이 벤치에 앉아 이런 저런 구절을 베트남어로 표현하려 애쓰면 주변을 빙 둘러선 현지인들이 도움을 준다.

내가 가본 베트남의 공원은 다음과 같다. 녹지만 있는 곳도 있고 호수나 식당, 작은 동물원을 갖춘 곳도 있다. 그중에서도 특히 추천하는 곳은 사이공 3구에 자리한 거북 호수(Turtle Lake)다. 구부러진 다리를 따라 호수 위를 건널 수 있으며 한가운데에 탑과 건물도 있다. 노트르담 대성당에서 쭉 이어진 길을 따라 걸어가면 만난다.

하노이에서 더 가볼 만한 곳

- 꽁비엔 응이아 도 공원(Cong Vien Nghia Do Park), 까우자이 구
- 통낫 공원(Thong Nat Park), 하이바쭝 구
- 하노이 동물원 & 공원(Hanoi Zoological Garden Zoo & Park), 바딘 구
- 하노이 식물원(Hanoi Botanical Garden), 바딘 구

사이공에서 더 가볼 만한 곳

- 따오단 공원(Tao Dan Park), 1구
- 레반땀 공원(Le Van Tam Park), 1구
- 호아빈 공원(Hoa Binh Park), 5구
- 반탄 공원(Van Thanh Park), 빈탄 구

스포츠

축구

축구는 전 세계인을 매혹시키는 스포츠이고 베트남에서도 예외는 아니다. 베트남 축구 팬들은 영어를 하지 못해도 좋아

© xuanhuongho

빅 경기가 열리는 날, 도심으로 쏟아져 나와 응원전을 펼치는 축구 팬들.

하는 유럽 선수들의 이름을 줄줄 외며 지구 반대편에서 열리는 경기를 보려고 새벽에 일어난다.

베트남에 축구를 전파한 것은 프랑스다. 식민지 시절을 겪으면서 축구를 배운 것이다. 내가 만난 현지인들은 대부분 건강을 다지기 위해 축구를 한다고 말했다. 친구가 되면 이들은 같이 축구를 한판 뛰자고 한다.

베트남 축구 연맹은 축구팀과 리그를 관리한다. 여기에 이름을 올린 외국인 선수들도 몇몇 있다. 도시라면 축구 경기를 관전할 수 있다. 관중이 경기장을 가득 채우지는 않지만 얼굴에 페인트를 칠하고 넘치는 에너지로 노래를 부르며 북을 두드릴 것이다. 하노이에는 축구팀인 하노이 T&T 풋볼 클럽이 있고 사이공에는 호찌민시티 FC가 있다. 여러분이 직접 뛰고 싶다면 사이공 라이더스, 사이공 핫쇼츠, 사이공 퓨전 같은 외국인 축구팀을 찾아가보자.

농구

베트남에는 프로농구 리그가 있기는 하지만 아직 축구의 인기를 따라잡지는 못한다. 지금은 고등학생이나 대학생들이 학교에서 즐기는 정도로 풀뿌리 단계에서 조금씩 퍼지고 있다. 수준별로 다양한 농구 클럽과 리그가 있지만 여러분이 농구를 하고 싶다 해도 농구 코트가 그렇게 흔하지는 않다(하노이에서는 지금껏 지나가다 농구 코트를 한 곳 봤지만 사이공에는 아마 더 있을 것이다). 그래도 사계절 어느 때든 오픈 토너먼트 경기나 덩크슛 경연은 열릴 것이다. 농구 코트를 개인적으로 쓰려면 몇 천 동을 지불해야 하며 선착순이다.

베트남의 프로농구에 대해 말하자면 아직은 발전한 편이 아니다. 베트남 국가대표팀은 ASEAN 챔피언십 같은 국제대회에서 그렇게 좋은 성적을 거두지 못했다. 농구연맹도 2016년에야 창립되었고 프로 팀도 다섯 팀뿐이다. 농구선수들이 받는 연봉도 높지 않다. 베트남 프로농구를 관람하고 싶다면 하노이에서는 박코아 아레나, 사이공에서는 7구에 자리한 캐나다 국제학교 아레나를 찾아가면 된다. 표는 농구팀의 영어 웹사이트에서 살 수 있다.

럭비

대부분의 베트남 국민들은 럭비에 익숙하지 않지만 대도시에는 외국인들이 럭비 클럽을 만들었다. 경기를 하는 데 관심이 있다면 페이스북에서 검색을 해보라. 그리고 경기를 보고 싶다면 하노이나 사이공의 바나 스포츠 펍을 찾아가라. 의자에 앉아 이른 아침 열리는 NFL 경기나 국가 대항전을 볼 수 있다.

베트남 사람들이 나에게 미국인은 여가 시간에 무얼 하는지 물어보면 '무궁무진하다'고 대답해야 할 것이다. 그중에는 자동차 복원이나 사격, 사냥, 피트니스, 미식축구팀 팬 되기 같은 멋진 취미도 있다. 그렇다면 베트남 사람들은 어떤 취미를 즐길까?

축구를 좋아한다는 점은 같다. 미국인들도 미식축구를 즐기기 때문에. 엄밀히 말해 같은 종목은 아니지만 말이다. 하지만 공통점은 여기까지다. 적어도 나이 든 베트남 사람들을 염두에 둔다면 그렇다. 이 나라는 오랫동안 가난과 정신없는 역사적 격동에 시달려온 터라 국민들이 다양한 취미를 즐길 여유가 없었다.

그래도 베트남 친구의 말에 따르면 나이 지긋한 남성들은 장식용 식물 화분을 모으거나 애완 새를 키운다고 한다. 한편

© Aleksei Sarkisov

장기는 베트남 장년 남성들이 가장 즐기는 취미 활동이다.

전통적인 교육을 받은 중년 여성들은 자신의 요리 실력을 자랑스럽게 여긴다. 그래서 전날 저녁 가족에게 무엇을 요리해 주었는지가 흔한 잡담 소재다(외국인인 여러분이 베트남 요리를 배웠다고 하면 이들은 감명을 받을 것이다).

젊은 세대는 개방된 사회의 수혜를 받았다. 많은 젊은이들이 스마트폰에 중독되어 있다(시속 40킬로미터로 오토바이를 몰면서 페이스북 뉴스피드를 넘겨보기도 한다). 20대 청년들은 아직 자기 아이가 없어 대신할 존재를 찾는지 애완동물을 많이 키운다. 대도시에는 집에서 애완동물을 키울 수 없는 사람을 위해 고양이 카페와 강아지 카페도 있다.

피트니스 체육관도 점점 많아지는 추세다. 단지 심혈관계 강화 운동뿐만 아니라 크로스핏과 무에타이도 배울 수 있다.

여행

지금껏 하노이나 사이공 같은 대도시 이야기는 충분히 했다. 이제 시야를 조금 더 넓혀보자. 베트남 이곳저곳을 여행하는 건 그렇게 어려운 일이 아니다. 현지 투어를 따라가도 좋고, 오토바이와 지도를 준비해 여러분만의 모험을 즐겨도 좋다.

이 나라에는 수많은 빈민촌과 국립공원, 산골 오지 마을, 해안 도시가 있는 만큼 여러분이 전부 가볼 수는 없다. 그래도 우리는 이제 베트남에 와서 실제로 가볼 만한 여행지들을 빠르게 훑어볼 것이다.

사파 Sapa

사파는 중국 국경과 그렇게 멀지 않은 높은 산지에 자리한다. 이곳은 베트남의 카트만두라고 불릴 법하다. 베트남에서 가장 높은 산인 판시판 산(이 산은 이웃 캄보디아, 라오스를 통틀어도 가장 높다)에 오르기 전에 준비하며 대기하는 곳이기도 하다. 등산을 하지 않는다 해도 오토바이를 빌려 흙길을 따라 내려가면 이 지역 부족민이 사는 마을에 도착한다. 부족민들은 전통 의상을 입고 있어 쉽게 눈에 띈다. 오토바이를 타지 않는다면 이곳 마을에서 구름 아래에 앉아 산봉우리를 바라보며 커피를 마셔보라. 경치가 그야말로 끝내준다.

사파는 베트남을 찾는 여행객들이 들러야 할 목록 안에 들어가며 그럴 만한 가치가 있다. 하노이에서는 버스로 6시간, 기차로 9시간쯤 걸린다.

© Yavuz Sariyildiz

사파에서 만난 사람들. 사파는 중국 국경과 멀지 않은 산간 지대로 다양한 소수민족이 둥지를 틀고 있다.

산골 홈스테이

여러분이 '시골 쥐'이고 도시 생활이 잘 맞지 않는다면 산골 홈스테이로 베트남 전통 문화에 흠뻑 빠져보는 것도 좋다. 홈스테이를 하는 가족과 약속을 잡으면 이들이 여러분을 오두막 숙소에 재우고 식사를 가져다줄 것이다. 낮에는 오두막에서 조용히 머물든가 근처를 등산하라. 투어를 예약했다면 그 과정에서 홈스테이를 할지 여부를 선택할 수 있다.
나는 사파는 아니지만 친구와 함께 하노이에서 남서쪽으로 160킬로미터쯤 떨어진 랑쌋(Lang Xat)이라는 지역에서 홈스테이를 한 적이 있다. 우리는 호찌민 고속도로를 타고 오토바이를 달려 폭포 근처의 마을에서 두 밤 잤다. 여행 내내 가이드를 해준 사람도 우리와 함께 했다.
이곳 홈스테이는 그야말로 꼭 필요한 것만 있는 소박한 경험을 제공했다. 우리는 구식 화장실에서 볼일을 보고 차가운 물로 샤워를 했지만 숲속에 앉아 책을 읽고 고요함을 즐겼다. 맑은 산 공기를 들이마시자니 도시에서 더럽혀진 폐가 재생되는 기분이었다.

하롱베이 Halong Bay

유네스코 세계자연유산으로 지정된 하롱베이는 베트남 관광객들이 가장 많이 찾는 여행지일 것이다. 유람선을 타면 수백 개의 섬들과 만에 펼쳐진 카르스트 지형을 구경할 수 있다. 하루 중 언제 관람하든, 날씨가 좋든 나쁘든 놀랄 만한 절경이 펼쳐진다. 일몰 시간에 맞춰서 찾아가면 정신이 혼미해질 만큼 멋진 풍경을 즐길 수 있다. 하노이에서 동쪽으로 3시간 운전하면 하롱베이에 도착한다.

여행객의 안식처로 무척 유명한 깟바 섬도 있다. 여기서 하루 이틀 머물며 바닷가 의자에 앉아 느긋한 은퇴 생활을 미리 경험해보자.

주의할 점을 덧붙이겠다. 유람선은 사실 저렴한 싸구려 제품을 떠올리게 한다. 하루 동안만 탈 수도 있지만 그 이상 머무르려면 선실을 예약해야 한다. 또 하롱베이 투어 상품은 무척 많은데 미리 잘 알아봐야 한다. 유람선이 제때 출발하거나 도착하는지, 선실에 에어컨이 정말로 있는지 확인하자. 마지막으로 하롱베이는 다들 들르는 관광지인 만큼 배낭여행자가 넘치는데 상당수가 대학이나 고등학교를 막 졸업한 젊은이다. 여러분이 탄 유람선은 파티를 즐기는 사교 클럽으로 변할 수 있다.

닌빈 Ninh Binh

이곳은 덜 알려져 있어 앞선 두 관광지보다는 여행객들이 자주 찾지 않는다. 하지만 닌빈은 소개할 만한 가치가 있다. 이곳은 하노이에서 남쪽으로 2시간쯤 가야 하는 해안도시다. 수도 하노이에서 하루쯤 벗어나 쉬고 싶다면 여기 들르자.

닌빈의 바이딘 사원에는 동남아시아에서 가장 큰 불상과 산 중턱에 자리한 불탑이 있다. 그뿐만 아니라 19세기에 동양식으로 축조된 팟디엠 대성당도 볼 만하다.

여러분이 나처럼 한 가지 볼거리를 자세하게 구경하고 싶다면 닌빈 외곽에서 강 투어를 해도 좋다. 나무 보트에 타면 현지인 여성이 발로 노를 밀어 저어준다. 보트는 여러 개의 동굴을 지나 양옆에 절벽이 있는 물길을 따라 나아간다. 주변에는 짙은 초록색 언덕이 서있다. 여러분이 미리 요금을 냈다면 노 젓는 사람에 대한 수고비는 이미 지불한 셈이다. 그래도 하루에 수십 명을 실어 나르느라 힘들 테니 팁을 주는 게 좋을 듯하다.

바비 국립공원

이 공원에 가면 도시 생활을 잠시 잊고 한숨 돌릴 수 있다. 바비 국립공원은 하노이에서 서쪽으로 40킬로미터 떨어진 곳에 자리한다. 트레킹 경로를 따라가면 수많은 야생동물이 살아 숨 쉬는 구름에 덮인 숲을 통과한다. 오래 전 프랑스가 짓다가 내버려둔 휴양지의 흔적도 보인다. 줄기가 두툼한 아름드리나무들 덕분에 공원은 고요하고 이 세상 같지 않은 분위기가 감돈다.

바비 산맥을 이루는 높이 1200미터의 세 산봉우리가 공원의 일부를 이룬다. 공원의 오솔길 바닥에는 디딤돌이 박혀 있는데 이 길을 따라 걷다 보면 비탈을 따라 불탑과 사원을 지나칠 것이다. 하노이에서 일찍 출발하면 이 공원의 산봉우리 한 곳에 올랐다가 저녁에는 하노이에 돌아가 식사를 할 수 있다. 그 밖에 이곳에는 캠핑장 몇 곳과 수상공원, 낚시를 할 만큼 물이 맑은 호수도 있다.

베트남 중부

다낭 Danang

다낭은 베트남이라는 길쭉한 나라의 중간쯤에 자리한다. 이곳은 베트남에서 세 번째로 큰 도시지만 화려한 도시에 대한 기대는 접어라. 크기나 인구로 보면 하노이와 사이공에 훨씬 못 미치기 때문이다. 고층빌딩이라 부를 만한 건물이 고작 하나일 정도다.

다낭은 식민지 시대에는 프랑스의 항구 도시였고 전쟁 때는 남베트남에 속했다. 미군은 이곳을 베트남의 북쪽 해안이나 남쪽 해안, 내륙으로 들어가는 관문으로 활용했다. 다낭은 베트남에서 도시에 속하기는 해도 인구가 100만밖에 되지 않는다. 그래서 지독하게 혼잡한 하노이와 사이공처럼 북적이지는 않는다. 다낭의 메트로놈은 보다 느리게 움직이고 볼륨도 몇 눈금 낮다.

다낭은 처음에 단조롭게 느껴질 수도 있지만 사실은 이곳저곳이 아름답다. 이곳에는 해안과 강, 산과 도시가 같이 존재한다. 여름에는 리조트가 사람들로 가득하다. 그러다가 날씨가 춥고 음울해지는 비수기에는 바닷가에 정박한 고깃배들 사이로 산책하며 안개 속에서 느리게 나아가는 화물선의 윤곽을 구경할 수 있다. 다낭의 한강에는 멋진 다리들이 가로지른다. 용처럼 생긴 다리도 있고 무척 큰 현수교도 있다.

여러분이 인스타그램에 올릴 만한 풍경을 찾는다면 하나 알려주겠다. 도심에서 약간 떨어진 곳에 바나 힐스라는 리조트가 있는데 여기서 케이블카를 타고 5킬로미터 이동해 근처 산에 올라갈 수 있다. 아니면 도심에서 남쪽으로 15분쯤 운전하면 나오는 마블 마운틴이라는 산도 풍경이 멋지다. 다섯 가지 고대 원소의 이름을 따서 오행산이라고도 불리는 이곳은 마치 대리석으로 세운 높은 건물 같다. 이 산을 10분쯤 오르면 헬기장 넓이의 정상에 오를 수 있다. 여기 서면 바다와 다낭 시내가 한눈에 들어오고 산기슭의 불탑도 보인다. 그야말로 올림푸스산에서 신의 눈으로 바라본 것 같은 풍경 앞에서 여러분은 카메라 셔터를 빠르게 눌러댈 것이다.

길 쪽에서 보면 마블 마운틴에는 자연적인 풍광과는 대조적인 높은 유리관 같은 구조물이 보인다. 이것은 엘리베이터로 그 덕분에 여러분은 꼭 힘들게 걸어 올라가지 않아도 된다.

호이안 구시가지를 걷고 있는 관광객들. 중국 지배기와 프랑스 식민기에 지어진 오래된 집들을 구경할 수 있다.

© Romas_Photo

계속 둘러보면 다낭에는 볼거리가 더 많다. 이곳은 호이안이나 후에 같은 더 작은 도시에 진입하기 위한 교통의 허브 역할도 한다.

호이안 Hoi An

여러분이 호이안에 들르기로 한 일차적인 동기는 아마 구시가지 관광일 것이다. 이 도시의 구시가지는 베트남에서 하롱베이를 비롯한 다른 다섯 곳과 함께 유네스코 세계유산에 올라 보호를 받고 있다. 중국 지배기와 프랑스 식민기 사이에 지어진 집들이 아직 수로 위에 서있다. 물 위로 지붕이 덮인 다리가 놓였고(일본에서 세운) 밤에는 지붕 위로 붉은 등이 반짝인다. 근처의 노점상을 보면 이곳도 상업화되었다는 사실을 알 수 있다. 애초에 구시가지에 입장할 때도 약간의 돈을 내야 한다. 하지만 거리를 걷다 보면 과거로 여행 온 기분이 든다. 다낭의 특색 없는 길거리와는 완전히 다르다.

호이안에는 공항이 없지만 다낭에서 남쪽으로 30킬로미터 정도로 가깝다.

미선 My Son

이제 해안에서 내륙 쪽으로 들어오면 정글이 나오고 곧 미선에 도착한다. 이곳은 도시가 아니라 참파인이 지은 힌두교 사원이 밀집한 종교 성지다. 참파는 19세기에 새로 일어선 베트남에 합병되기 전까지 이 지역에서 권력을 잡았던 나라다.

참파의 사상과 건축은 인도와 캄보디아 문화의 영향을 받았다. 그래서 참파 건축물은 베트남의 다른 건축과는 전혀 달라 보인다. 4세기에서 14세기 사이에 세워져 이제는 색이 희미

해져 부서지고 이끼가 낀 이곳 사원들은 시바 신을 위해 바쳐졌다. 사라진 왕국의 화석 같은 흔적이다. 그런 이유로 미선은 유네스코 세계유산으로 지정되었다.

오늘날 미선에는 18개의 건축물이 남아있다. 예전에는 70개였는데 베트남전 당시 미국이 떨어뜨린 폭탄에 상당수 파괴되었다. 이곳 땅에는 아직 폭격이 남긴 큰 구멍이 보이며 일부를 조심스럽게 복원하는 중이다.

참고로 덧붙이면 미선으로 오는 투어는 출발지가 다낭이나 호이안이다.

후에 Hue

베트남 중부에서 관광지로 추천할 만한 곳을 더 꼽자면 후에를 빼놓을 수 없다. 이 도시는 한때 나라의 수도였으며 1802년에서 1945년 사이에는 여기에 왕궁이 자리했다. 거대한 불탑과 여러 왕릉 덕에 후에 역시 유네스코 세계유산에 이름을 올렸다. 왕궁의 성채는 중국의 자금성으로부터 밀접한 영향을 받았는데 거의 중국에서 저작권 문제로 고소를 해야 할 정도다. 그리고 미선과 마찬가지로 후에의 유적들 역시 전쟁으로 심하게 파손되었다. 지금 남아있는 것은 한때 웅장했던 역사적 건축물의 부서진 복제판이다. 그런 상태인데도 여전히 놀라움을 자아낸다.

이곳은 비가 많이 내리지만 날이 괜찮다면 자전거를 타고 도시를 누비다가 흐엉강으로 향해도 좋을 것이다. 만약 여러분이 전쟁의 역사에 관심이 많아 케산 기지(베트남전에서 가장 큰 단일 전투가 벌어진 곳이다) 터를 둘러보려 한다면 일단 후에에 들렀다가 출발해야 한다.

호이안과는 달리 후에에 올 때는 비행기나 기차 편이 있다.

베트남 남부

나짱 Nha Trang

다낭에서 남쪽으로 방향을 잡고 사이공을 향해 해안을 내려오다 보면 냐짱이 나온다.

나는 예전에 현지인 수십 명을 대상으로 베트남에서 가장 인기 있는 장소가 어디인지 물어본 적이 있다. 이들이 공통으로 꼽는 곳이 냐짱이었다. 인구 40만의 이 도시는 베트남에서 최고의 해안 휴양 도시로 불린다. 밀려드는 외국인과 현지인 관광객들을 상대하기 위해 리조트들이 들어서있다. 관광객들은 리조트 아래 흰 모래가 깔린 바닷가에서 해수욕을 즐긴다.

만약 나른하게 늘어지는 태닝이 여러분 취향이 아니라면 근처에 계단식 논과 함께 도시 위로 허공에 떠 있는 듯한 산이라는 더 특별한 구경거리도 있다. 스쿠버 다이빙을 하거나 한밤중까지 영업하는 클럽에서 잠시 즐길 수도 있다.

냐짱 해안에서 조금 떨어진 섬에는 빈펄 랜드라는 놀이공원도 있다. 가보면 이곳은 마치 베트남식 디즈니랜드 같다. 놀이공원은 섬으로 관광객들을 실어 나르는 케이블카도 운영한다.

냐짱에 가려면 비행기로 깜라인 공항에 내리면 되는데 여기서 시내까지는 30킬로미터 떨어져 있다. 단 비가 퍼붓는 우기인 10월에서 1월 사이에는 방문을 피하자.

남부 베트남의 섬들을 더 탐험하고 싶다면 푸꾸옥 섬에 들러보자. 남부에는 무이네, 붕따우 같은 해안 휴양지도 있다.

달랏 Dalat

이제 내륙으로 더 들어가면 베트남의 중앙 산악지대와 달랏이라는 도시를 만날 수 있다. 프랑스 식민 당국은 달랏을 휴양지로 만들고자 했다. 그래서 당시의 별장이 아직 남아있다(베트남 사람들은 프랑스를 쫓아냈지만 프랑스가 남기고 간 건축물은 좋아한다). 프랑스 사람들은 마치 본국의 알프스를 동남아시아에 재현하려 한 듯하다. 이곳에 눈만 내렸다면 그럭저럭 성공했을 것이다.

눈이 오지 않아 스키는 탈 수 없지만 이곳에서는 대신 폭포 하이킹이나 산악자전거를 즐길 수 있다. 산에 올라 바라보는 풍경은 세상을 초월한 듯 멋져서 눈이 그립지 않을 정도다.

달랏 시내에는 생기 넘치는 길거리 시장이 있고 외곽에는 소나무 숲이 자리한다. 이곳은 조용하면서 독특한 풍광으로 신혼여행 온 사람들을 끌어들인다. 여러분이 만약 영적인 여행을 원한다면 숲의 고요한 분위기가 마음에 들 것이다. 근처에 죽림 사원(Thien Vien Truc Lam)이라는 사찰이 자리하는데 케이블카를 타고 올라갈 수 있다(베트남에는 케이블카가 정말 많다). 그밖에 시내 한복판의 쑤언홍 호수(Xuan Hong Lake)도 평화로운 분위기를 자랑한다. 달랏에는 커피 농장도 있는데 어쩌면 여러분이 아침에 즐기는 커피가 여기서 생산되었을지도 모른다.

달랏에 가려면 버스나 기차, 비행기를 타면 된다.

메콩 삼각주 Mekong Delta

마지막으로 소개할 곳은 메콩 삼각주다. 사이공에서 서쪽으로 쭉 가다 보면 이 삼각주에 이른다.

사실 이곳은 지질학적으로 베트남 본토와는 완전히 다르다. 바다에서 베트남의 땅덩어리가 올라온 다음 뒤이어 메콩강이 여러 지류로 갈라졌고 강물은 타이만과 남중국해로 빠져나갔다. 이곳 일대는 섬과 언덕, 숲, 숲속 빈터, 평원, 복잡하게 구부러진 강, 밀려온 모래 같은 퇴적물 위에 지어진 마을까지 한

메콩 삼각주에 사는 사람들에게 이런 패달 보트는 필수다.

© DenisShumov

강가에서는 이런 수상가옥을 지어서 산다.

데 어우러져 그야말로 장관이다. 투어를 신청하면 가이드로부터 더 자세한 설명을 들을 수 있다.

드넓은 땅이 펼쳐진 이 삼각주 지역에는 가볼 만한 거리도 많지만 이곳을 찾는 사람들 대부분은 껀터라는 도시를 작전 기지로 삼는다. 껀터에는 국제공항이 있어 사이공을 들르지 않고도 이 지역에 직접 갈 수 있다.

오후에는 하루쯤 꼭 시간을 내서 껀터 시 변두리에서 열리는 까이랑 수상시장에 들러보자. 넘실대는 물 위로 전통 모자를 쓴 사람들이 모는 나무배들이 수없이 다니는데 꽃이며 옷감, 여러분이 아는 온갖 과일을 그 안에 싣고 판매한다.

8

베트남어 이해하기

우리는 언어를 배워야 한다.
조금만 배워도 득이 되는 건 언어뿐이다.

–롬브 커토, 통번역가

영어로 소통하기

베트남 현지인들은 영어라는 한 가지 언어로 소통하려는 외국인들에 익숙하다. 관광객들은 실제 국적과 상관없이 누구를 만나든 영어로 이야기하며 다닌다. 마치 자기만의 말을 내뱉으며 여기저기 다니는 걸음마 하는 아이 같다.

서비스업에 종사하는 베트남 사람들은 상당수가 상점에서 영어로 물건 값을 얘기하고 흥정하는 데는 익숙하다. 일반적으로 봤을 때 베트남 사람들의 영어 실력은 꽤 떨어지지만(그래서 영어학원에는 외국인 강사 자리가 많다) 도시 사람들은 외국인들이 현지 언어를 배울 필요가 없을 만큼 영어를 충분히 구사한다. 물론 사람마다 다르지만 말이다.

베트남에 온 서양인들의 행동 가운데 내 눈살을 찌푸리게 하는 게 있다면 현지인들에게 영어로 소리 지르는 것이다. 마치 베트남 사람들이 영어 원어민이 아니라는 이유로 지능까지 떨어진다고 생각하거나 목소리만 크면 갑자기 영어라는 외국어를 알아들을 수 있으리라는 식이다. 베트남 사람들도 그런 태도를 싫어한다. 이곳에 사는 외국인으로서 말하자면 목소리를 높이는 건 아무런 득도 되지 않는다.

실제로 도움이 되는 것은 간단한 베트남어 회화다. 기본적인 표현만 익혀도 현지인들이 깜짝 놀란다. 한번은 카페에 갔다가 차를 뜻하는 베트남어 짜tra를 활용해 주문했는데 그곳 직원은 계산대 뒤에서 박수를 쳤다. 약간 긴가민가하지만 아마 비꼬는 행동은 아니었을 것이다. 외국인이 애써서 조금이라도 베트남어를 배웠다는 노력을 대단하게 여긴 듯하다.

베트남어로 소통하기

베트남에 새로 온 외국인 가운데는 현지에 동화되려는 노력을 엄청나게 기울이는 부류가 있다. 이런 사람들은 기존 외국인들에게 위기감을 안긴다. 예컨대 남아프리카공화국에서 온 한 남자 외국인은 하노이에 온 지 나보다 얼마 되지 않는데 시장에서 가끔 마주칠 때마다 현지인들과 쌀국수에 대해서 빠르게 베트남어로 대화하고 있었다.

이 사람은 베트남어를 어떻게 배웠을까? 단지 현지인들과 앉아서 대화를 나누는 것만으로 익혔다고 한다. 자존심이 상한 나는 이 사람이 여러 개 언어를 배우는 것이 특기인 언어 천재라고 생각했다. 하지만 그는 이렇게 말할 뿐이었다. "나는 여러 언어를 말하지 못해요. 단지 내가 있는 장소에 적응하려 애쓸 뿐이죠."

나는 아직 그 단계까지 가기 위해 애쓰는 중이다. 하지만 9개월 연습했는데도 아직 내 발음은 신통치 않다. 오직 하나 제대로 써먹는 단어가 있다면 'bia'인데 간단하고 흔히 사용되는 데다 보스턴의 'beer' 발음과 비슷하기 때문이다. 그런 만큼 나는 베트남어를 충분히 연습해 현지인과 소통할 수 있는 외국인들에게 경의를 표한다.

베트남어 배우기

베트남어 배우기는 내게 마치 숫자를 셀 줄도 모르는데 미적분을 익히라는 것과 비슷한 느낌이었다. 조금이라도 진전하기 위해서는 상당한 정신적 노력이 필요했다. 그리고 그 속도는 빙하가 나아가는 속도와 비슷하게 굼떴다(한 가지 변명을 하자면 우리 미국인은 보통 그렇게 공들여 외국어를 배우지 않는다). 그래도 실력이 약간은 발전해서 이 책이 출간될 무렵이면 나는 세 살 수준의 베트남어를 할 수 있을 것이다.

다음은 베트남에서 의사소통을 하는 데 필요한 몇 가지 도움말이다. 내가 언어의 장벽을 깨려고 1년 동안 반복해서 있는 힘껏 노력한 끝에 얻게 된 결과물이다.

문자 체계

현대 베트남어는 로마자 알파벳의 대부분을 활용해 표기한다. '대부분'이라고 말한 이유는 f, j, w, z를 사용하지 않기 때문이다.

베트남 사람들은 예전에 중국의 한자를 활용해 말을 기록했는데(중국이 1000년에 걸쳐 베트남을 지배했기 때문이다) 일단 중국어를 배우지 않으면 한자를 이해할 수 없었다는 단점이 있었다. 그런 이후에야 자기들의 언어를 표기할 수 있었다니 듣기만 해도 성가신 일이다.

문자 해독을 가로막는 이 다층적인 한계는 17세기에 예수회 선교사들이 베트남의 항구에 도착할 때까지 단단히 유지되었다. 선교사들은 가능한 한 많은 사람들이 읽고 쓰도록 하는 데 열심이었고(종교를 전파하려는 목적에서) 포르투갈어에 기반을 둔 꾸옥 응으quoc ngu라는 문자 표기 체계를 개발했다. 오늘날 베트남에서 로마자로 언어를 표기하는 데는 이런 사정이 있다. 프랑스가 베트남을 식민지로 넘겨받으면서 꾸옥 응으는 베트남 전역에 도입되었다.

여러분은 익숙한 로마자로 표기한다니 잘된 일이라고 생각할지 모른다. 하지만 조금만 공부해보면 로마자는 눈을 현혹시키는 미끼라는 사실을 깨달을 것이다. 베트남어 단어를 외국인이 제대로 발음하기란 무척 어렵고 로마자는 사실 그다지 도움이 되지 않는다. 그 이유가 무엇일까? 원래 베트남어를 담고자 설계된 것이 아닌 문자 체계로 음절을 처리해야 하기 때문이다. 그래서 실제 단어는 여러분이 문자 체계만 봤을 때는 상상도 하지 못할 방식으로 소리가 난다. 예를 들어 'd'는 북부에서는 'z'로 발음하며, 남부에서는 'y'처럼 발음한다.

그래서 잘 모르는 사람이 보기에 베트남어는 마치 외계인의 말처럼 생경하고 이해할 수 없는 언어처럼 들린다. 몇몇 음절은 제대로 발음하려면 목구멍의 한참 뒤 또는 비강의 높은 곳에서 소리를 만들어야 해서 외국인에게는 익숙하지 않다.

그뿐만 아니라 글자 가운데 일부는 위에 작은 기호와 구불구불한 선이 덧붙어 있다. 이것은 발음을 구별하는 부호로 단어의 성조를 표시한다. 여러분은 성조에 대해 들어봤을 것이다. 어떤 단어의 강세와 억양을 다르게 발음하면 의미가 완전히 달라진다. 성조 언어 가운데 전 세계에서 가장 널리 사용되는 중국어는 성조가 네 가지다. 그렇다면 베트남어는 어떨까? 여섯 가지나 된다.

예컨대 '마ma'라는 단어는 성조를 어떻게 적용하는지에 따라 유령, 어머니, 무엇, 무덤, 말, 어린 벼라는 여섯 가지의 서로 다른 의미를 가진다.

베트남의 문자 표기

베트남어는 로마자를 전부 사용하지는 않지만 그래도 보통 쓰는 26개보다는 글자 수가 많다. 'A'만 해도 세 가지 종류가 있다. 그래서 베트남에서 쓰는 글자는 총 29개이고 그 가운데 12개가 모음이다. 아래에는 언어학에 관심 있는 독자들을 위해 베트남에서 쓰는 글자에 국제음성기호(IPA)로 발음을 붙여 정리한 것이다.

A a (/aː˧/)
Ă ă (/aː˧˥/)
Â â (/əː˧˥/)
B b (/ɓe˧, ɓəː˨˩/)
C c (/se˧, kəː˨˩/)
D d (/ze˧, zəː˨˩/)
Đ đ (/ɗe˧, ɗəː˨˩/)
E e (/ɛ˧/)
Ê ê (/e˧/)
G g (/ze˧, ɣəː˨˩/)
H h (/hat˥, həː˨˩/)
I i (/i˧, i˧ ŋan˧˥/)
K k (/kaː˧/)
L l (/(ɛ˧)ləː˨˩/)
M m (/(ɛm˧)məː˨˩/)
N n (/(ɛn˧)nəː˨˩/)
O o (/ɔ˧/)
Ô ô (/o˧/)
Ơ ơ (/əː˧/)
P p (/pe˧, pəː˨˩/)
Q q (/ku˧, kwi˧, kwəː˨˩/)
R r (/ɛ˧ɹəː˨˩, ʐəː˨˩/)
S s (/ɛt˧˥si˨˩, ʂəː˨˩/)
T t (/te˧, təː˨˩/)
U u (/u˧/)
Ư ư (/ɨ˧/)
V v (/ve˧, vəː˧/)
X x (/ik˧˥si˨˩, səː˨˩/)
Y y (/i˧zaːj˨˩, i˧kəː˧ɹɛt˧˥/)

성조

이제 베트남어의 여섯 가지 성조에 대해 알아볼 시간이다.

물론 익히려면 골치가 아프겠지만 말이다. 각 성조의 정의와 발음할 때의 지시 사항을 같이 적었다.

- **a (평탄한 고음)**: 성조 표기가 붙지 않는 유일한 성조다. 평평하게 수평 방향의 그래프를 그리며 소리를 낸다고 상상하라.
- **à (평탄한 저음)**: 평탄한 성조라고 했지만 사실은 살짝 음이 떨어진다. 단 갑자기 많이 내려가지는 않는다.
- **ã (평탄하지 않은, 내려갔다가 올라가는 고음)**: 잠깐 떨어졌다가 아주 잠시 정지하고 뒤이어 빠르게 올라가는 성조다. 전체적으로 다른 성조보다 고음이다.
- **ả (평탄하지 않은, 내려갔다가 올라가는 저음)**: 음이 빠르게 떨어졌다가 올라간다. 다른 성조보다 저음이다.
- **á (평탄하지 않은, 높이 올라가는 고음)**: 성조 표기대로 빠르게 곧장 음을 올린다. 영어에서 뭔가를 질문할 때처럼 끝을 올리면 된다.

© futurewalk

레스토랑에 걸린 메뉴 간판. 베트남어는 알파벳에 기초한 듯 보이지만 사용하지 않는 로마자가 있고 성조도 6가지나 되어 익히기가 쉽지 않다.

- **ạ (평탄하지 않은, 낮게 내려가는 저음):** 빠르게 내리며 다른 성조보다 저음이다. 어린아이들이 남성의 걸걸한 목소리를 흉내 내는 것과 비슷하다.

도움말을 주자면 성조는 절대 집에서 혼자 연습하지 말고 여러분이 제대로 하고 있는지 유튜브 영상을 보며 확인하라. 베트남어 성조를 가르쳐주는 영상이 꽤 많다.

한편, 전 세계 어느 국가나 다 그렇듯 베트남에도 사투리가 있다. 예컨대 남부에서는 다섯 가지 성조만 사용한다(ã와 ả를 한 가지 성조로 통합해서 말한다). 여기에 대해 몇몇 북부 사람들은 남부 사람들이 게을러서 그렇다고 흉을 본다.

베트남 사람과 소통하기

비언어적 소통

이제 여러분은 발음과 성조라는 어려운 관문을 어느 정도 통과했다. 하지만 이게 끝이 아니다. 단어의 뜻도 중요하지만 그에 못지않게 의사소통의 큰 축을 담당하는 것이 비언어적인 단서다. 다음은 베트남에서 사용하는 비언어적 소통의 몇 가지 예시다.

- 눈을 마주치는 것은 자신감의 표현이라는 말을 들어봤을 것이다. 하지만 베트남에서는 바로 그 이유로 연장자라든지 사회적 지위가 더 높은 사람과 얘기할 때 눈을 마주치면 안 된다. 눈을 마주봤다가는 자신에 대한 도전이라고 여길 것이다.

- 베트남에서는 대화를 하면서 입으로 소리를 내서 맞장구를 치지 않는다. 단지 입을 꾹 다문 채 조용히 앉아서 듣기만 할 뿐이다. 고개를 끄덕이기는 하지만 그 동작도 많지는 않다. 팔짱을 끼는 것도 나쁘지 않다. 외국인들은 지루하거나 불안할 때 그런 동작을 하지만 베트남에서는 상대를 좀 더 존중하는 의미가 있다. 내가 베트남 성인들을 대상으로 처음 영어 수업을 했을 때 학생들은 마치 쥐죽은 듯 고요했다. 반응도 거의 없고 심지어 나를 똑바로 쳐다보지도 않았다. 나는 무척 힘들었지만 사실 이들은 경청하는 중이었다.
- 사람들 앞에서 긴장을 풀고 편하게 있어도 되지만 발바닥이 누군가를 향하면 무례한 행동이다(가족이나 친구라면 괜찮다). 그러니 집에 갈 때까지 신발창이 바닥에 잘 붙어있도록 신경 써야 한다. 타인에게 발바닥을 보여주는 것은 서양에서 지나가는 사람에게 가운뎃손가락을 치켜드는 행동과 같다.
- 누군가의 머리를 쓰다듬거나 건드리면 안 된다. 어른일 경우 특히 더 그렇다. 다만 아이에게 그렇게 하는 것은 환영받을 만한 행동은 아니어도 어느 정도는 용인된다.
- 아무리 친한 사이라 해도 여러분보다 나이가 많은 사람의 등을 두드리면 안 된다.
- 말을 할 때 손을 주머니에 넣으면 거만해 보인다.
- 베트남 사람을 칭찬했을 때 단지 미소만 보였다고 해서 여러분의 말을 무시한 것은 아니다. 칭찬을 들었다고 조건반사적으로 고맙다고 말하는 것은 베트남 문화의 일부가 아니다. 생략해도 되는 인사치레일 뿐이다. 미소는 '안녕하세요'나 '미안합니다'를 대체하는 경우가 많다. 익숙해지기 전까지는 침묵을 지키는 종교 집단처럼 어색하게 느껴질 수 있다.

- 누군가를 여러분 쪽으로 부르고 싶을 때 손가락을 위로 올리면서 까닥여서는 안 된다. 그 대신 손바닥을 아래로 한 채 몇 번 위아래로 움직이면 된다. 그리고 이런 동작도 여러분의 또래나 어린 사람에게 해야 한다. 연장자라면 이렇게 한다 해도 여러분에게 다가오지 않을 것이다.
- 손을 흔드는 동작은 도로 위에서도 볼 수 있다. 다른 나라에서는 깜박이를 켜야 할 상황에서 베트남 운전자들은 그렇게 하지 않는다. 보통 오토바이 뒷좌석에 탄 사람이 팔을 쭉 뻗어 손을 위아래로 흔들어 의사를 표시한다. 언뜻 보면 발작 중이거나 보이지 않는 피아노를 치는 것 같아 보이지만 이는 다른 운전자들의 주의를 끄는 행동이고 그렇게 해야만 효과가 있다. 이곳의 도로 상황은 무질서하고 정신이 없어서 작은 오토바이가 깜박이를 켜는 정도로는 주목을 받지 못한다.

알아둬야 할 내용이 정말 많다고 느껴질 것이다. 하지만 여러분이 조금 실수한다고 해도 베트남 젊은이라면 어느 정도 이해할 것이다. 조심해야 할 상대는 전통을 중시하는 나이 든 사람들이다. 이들을 만나면 짧게 목례해 여러분이 그들을 존중한다는 마음을 표현하라.

상대방을 지칭하는 말

베트남에서는 대화 상대와 여러분의 관계에 따라 각기 다른 지칭어를 사용해야 한다. 여러분은 외국인이니 그렇게 엄격하게 대하지는 않겠지만 몇몇 사람들은 자기를 어린아이로 지칭하면 화를 낼지도 모른다. 아래 정리한 내용을 토대로 연습해 보라.

- **앰**(Em): 대개 여러분보다 어린 여성에게 쓰는 단어다. 한번은 중년의 남자 가게 주인에게 이 단어를 써서 '깜언 앰'이라고 고맙다는 말을 했다가 아버지를 어린 여자애 취급했다고 그의 딸이 나에게 화를 냈다.
- **꼰**(Con): 아이에게 쓰는 말이다. 어린아이에게 고맙다고 하려면 어떻게 말할까? 그렇다. '깜언 꼰'이다.
- **반**(Bạn): 친구에게 쓰는 말이다.
- **안**(Anh): 오빠나 형, 여러분보다 나이 많은 남성에게 쓴다.
- **찌**(Chị): 언니나 누나, 여러분보다 나이 많은 여성에게 쓴다.
- **박**(Bác): 여러분보다 나이 많은 중년 여성이나 남성에게 쓴다. 영어 'sir' 또는 'madam'과 비슷하다.
- **쯔**(Chú): 포괄적인 표현인 '안'에 비해 나이 많은 남성에게 쓰는 더 정중한 표현이다.
- **바**(Bà) : 할머니 또는 나이 지긋한 여성에게 쓴다.
- **꼬**(Cô): 여러분보다 최소한 열 살 이상 많지만 '바'를 쓸 나이보다는 젊은 여성에게 쓴다.
- **옹**(Ông): 나이 지긋한 남성에게 쓴다.

한번에 익히기에는 꽤 많은 정보다. 마치 코드명처럼 느껴질지도 모른다. 어렵다면 여러분은 외국인이기 때문에 누구를 만나든 '반'이라고 불러도 괜찮을 것이다.

누군가를 부르거나 주의를 끌기 위해서는 '어이ơi'라는 단어 앞에 알맞은 지칭어를 붙여야 한다. 예컨대 나보다 나이가 많은 남성을 부르려면 '안 어이'라고 말하면 된다. 또 친구를 부를 때는 '반 어이'라고 말한다.

9

베트남에서 일하기

나는 일을 좋아한다. 일은 나를 매혹시킨다.
나는 제자리에 앉아 몇 시간 동안 그저 바라볼 뿐이다.
–제롬 K. 제롬, 작가

여러분이 베트남에 머무르는 기간이 길면 그동안 먹고 살아야 하니 일자리를 구해야 한다. 베트남 회사든 외국계 회사든 현지인과 외국인이 섞여 일할 확률이 높으니 여러분이 사무실의 유일한 외국인은 아닐 것이다.

외국인 노동자

베트남에 머무는 30대 이상의 외국인 가운데 상당수는 금융계나 정부에서 일한다. 베트남 사람들은 이런 외국인 전문직 종사자들이 자기들보다 소득이 높으며 외국에서 일할 만큼 능력이 뛰어나다는 사실을 안다.

그리고 외국인 가운데는 하루가 멀다 하고 국제공항으로 속속 도착하는 20대 언저리의 배낭여행자들이 있다. 이들의 상당수는 영어 원어민이며 베트남에서 잠깐 머물며 돈을 벌어 여행비를 충당하고자 한다(나 역시 이런 떠돌이 영어 선생의 한 사람이다). 물론 이들은 고용 가능한 인력이고 노력에 합당한 대우를 받는다. 하지만 동시에 대체 가능한 기회주의자로 여겨지기도 한다. 어디서 일하는지, 본인의 직업 윤리가 어떤지에 따라 대접은 달라질 것이다.

베트남 사람들은 여러분이 떠돌이 여행자에 속한다면 보수가 그렇게 높지 않다는 사실을 안다. 또 베트남 현지에서는 터무니없이 높은 생활수준을 누릴지라도 고국에 돌아가면 똑같이 지내지 못할 것이라는 사실도 인식하고 있다.

한 베트남 친구는 이렇게 말했다. "우리는 외국인 가운데 상당수가 사실 그렇게 경제적으로 넉넉하지 않을 거라 짐작하고 있어요. 그러니까 이런 돈이 적게 드는 나라에 왔겠죠."

하지만 외국인들이 버는 돈과 상관없이 현지인들은 여러분과 입장을 바꿀 수 있다면 기꺼이 그렇게 할 것이다. 상대적으로 돈이 많고 자유롭게 국경을 넘나들 수 있는 국가의 여권을 가졌기 때문이다. 내가 가르치던 학생은 살면서 외국에 나가 본 적이 없는데(해외에 나가려면 안정적인 직업을 가져야 한다) 눈치 없이 내가 지금껏 여행을 다니면서 10개국밖에 못 가봤다고 말하자 묘한 표정을 지었다.

업무 시간

베트남 직장에서는 보통 아침 8시부터 저녁 6시까지 하루에 8시간 근무한다. 총 10시간이지만 12시부터 2시까지 2시간은

© kwanchai.c

19세기에 지어진 호찌민 중앙우체국. 베트남 관공서들은 오후 일찍 문을 닫는다.

점심시간이다. 베트남의 점심시간은 한가하고 느긋한 오아시스 같아서 낮잠을 자기에 좋다. 오후 1시 넘어서 길거리 식당이나 상점을 찾으면 점원들이 전부 낮잠을 자고 있어서 영업을 하지 않는 경우가 많다.

공무원들은 출근 시간이 빠른 대신 퇴근도 빠르다. 보통 7시 30분에 일을 시작해 오후 4시 30분이면 다들 집에 간다. 관공서에 볼 일이 있다면 참고하라.

베트남의 회사와 직장은 학교와 마찬가지로 월요일에서 토요일까지 일주일에 6일 일한다. 일주일에 겨우 하루 쉬고 업무에 복귀하는 것이다.

복장 규정

베트남 직장의 복장 규정에 특별한 규칙은 없다. 대부분의 직장인이 자부심을 잃지 않는 복장을 하고 일을 한다. 사무실에서는 비즈니스 캐주얼도 괜찮지만 미팅이 있다면 재킷을 걸치는 것이 좋다.

베트남의 IT 기업을 방문해보니 사람들이 꽤 편한 복장을 하고 있었다. 목깃이 있는 셔츠에 청바지 차림인 사람도 몇몇 보였다. 지켜야 할 규칙이 단 하나 있다면 티셔츠는 곤란하다는 것이다. 만약 여러분이 영어 선생이라면 폴로셔츠와 청바지도 괜찮다.

인맥 관리하기

여러분이 화이트칼라 직종에서 일하고자 한다면 저녁 시간

베트남 일터에서 지켜야 할 것들

일반적인 예의를 갖추는 것만으로도 동료와 잘 지내는 데는 문제가 없다. 하지만 문화 차이로 빚어지는 어색한 상황을 피하기 위해서는 다음 몇 가지를 알아두는 게 좋다.

Do

- 출근 시간을 잘 지켜야 한다. 차가 막혔다고 하면 다들 이해해줄 테지만 그래도 교통 정체를 예상해 시간을 넉넉히 잡는 것이 좋다. 이곳에서는 항상 차가 막히기 때문이다.
- 베트남어로 기본적인 인사말은 공부하는 게 좋다.
- 베트남어 실력이 늘면 직장 상사들에게는 성 다음에 직함을 불러야 한다. 이곳에서는 사회적 지위가 있는 사람을 존중해야 하기 때문이다.
- 약속을 했으면 계획대로 진행될지 두세 번 확인하라. 사람들이 바빠서든 그렇지 않든 약속을 잊을 수 있다.

Don't

- 개인적인 질문을 받아도 답을 하는 데 망설이지 말라. 베트남 사람들은 '몇 살이에요?' '여자 친구 있어요? 왜 없어요?' '요즘 살쪘어요?' '수입이 얼마나 돼요?' 같은 질문을 아무렇지도 않게 한다. 이렇게 물어보는 이유는 여러분에게 관심이 있고 친밀함을 느끼기 때문이다.
- 빈정대기나 풍자를 지나치게 사용하지 말라. 베트남 사람들의 유머 감각은 이런 표현에 익숙하지 않아 그 말이 농담이라는 사실을 깨닫지 못할 수 있다.
- 수동 공격적인 태도(다시 말해 비효율적인 의사소통)에 당황하지 말라. 예컨대 내가 가르치던 학생들은 수업 시간에 손을 들고 내게 하고 싶은 말을 하는 대신 쪽지에 써서 학교 사무실에 제출한 다음 그 내용이 나에게 전해질 때까지 기다렸다. 또 상사에게 인사를 하고 직장 건물을 나오는데 방금 대화를 나눴던 상사로부터 '긴급' 이메일을 받은 적도 있다.
- 호찌민에 대해 무례한 표현을 쓰지 말라. 베트남 사람들도 여느 나라 들과 마찬가지로 정부에 불만이 있기 때문에 여러분도 그런 대화에 끼어들 수 있다. 하지만 호찌민을 모독하는 행동은 현지인의 신경을 자극할 것이다.

을 비워두고 사람들을 만나는 게 좋다. 베트남에서 비즈니스 관계는 서양보다 사적이고 사교적인 연결고리가 훨씬 중요하다. 이곳에서는 개인적인 사회생활과 직업이 그렇게 뚜렷이 구별되지 않는다. 하노이를 기반으로 회사를 경영하는 내 친구 하나는 거래를 성사시키려면 상대방과 먼저 저녁식사를 하거나 술을 마셔야 한다고 말한다. 사무실에서 미팅하거나 간소하게 점심을 먹으면서 일 이야기를 하는 데서 끝나지 않는다. 이곳 사람들은 직장이라는 압박이 심한 환경을 벗어나 서로 가까워지기를 바란다.

접대

클라이언트를 잘 접대해야 계약을 따낼 가능성이 높아진다는 것은 상식이다. 거래에 관심이 있는 클라이언트들은 장소를 바꿔가며 저녁에 접대를 받고 싶어 한다. 그 말은 저녁식사를 마치고 술을 마신 다음 분위기가 좋으면 노래방에도 가야 한다는 뜻이다. 이렇게 하려면 한밤중까지 같이 어울려야 할 것이다(다음날 아침 9시까지 출근해야 한다면 피곤하겠지만).

동료들과 어울리기

베트남 사람들도 동료들과 어울리는 것을 좋아한다. 그래서 직장 동료끼리 반정기적인 저녁식사나 커피 모임을 꾸리려 한다. 하노이에 있는 동안 나는 외국인답지 않게 사람들과 자주 어울렸는데 항상 즐거운 시간이었다(내가 단지 공짜 영어 선생으로 그 자리에 초청받은 경우가 아니면).

술을 마실 때 건배하는 말은 베트남어로 '못 하이 바(하나 둘 셋) 요!'이다. 술이 많이 들어갈수록 사람들은 더 큰 소리로 외친다.

일단 자리를 잡고 앉으면 외국인인 여러분은 분위기를 읽고 사람들과 어울리려고 애써야 한다. 나는 옆 사람을 붙잡고 최대한 화기애애하게 대화를 나눈다. 베트남 사람들은 무척 예의 바르며 여러분에게 관심이 있다. 할말이 없다면 동료들에게 "이건 베트남어로 뭐라고 부르죠? 저건요?"라고 물어보라. 그러다 보면 술에 취한 동료들이 발음과 성조를 엉망으로 따라하는 여러분의 모습을 보고 탁자를 마구 치며 웃어댈 것이다. 하지만 이 기술은 한 번만 사용해야 한다. 그렇지 않으면 동료들이 전에 가르쳐줬던 단어를 제대로 기억하고 있나 시험하려 할 것이다.

베트남 직원 관리하기

생소한 문화권에서 일한다는 것은 결코 쉽지 않다. 베트남 직원을 관리하는 몇몇 외국인들은 손이 많이 간다고 말한다. 하노이에서 회사를 경영하는 내 친구는 이렇게 얘기했다. "내가 하는 일의 상당 부분이 사람들을 하나하나 관리하는 거예요. 직원들은 하나부터 열까지 지시해주기를 바라요. 정확하게 시킨 일만 하죠."

한번은 이 친구가 직원에게 컴퓨터 서버의 견적을 뽑아달라고 했다. 견적을 받은 이후 친구는 인터넷에 들어갔다가 다른 회사에서 더 저렴한 가격에 서버를 내놓았다는 사실을 발견했다. 친구는 직원에게 이 회사의 가격이 얼마인지 봤냐고 물었다.

"네, 봤어요." 직원이 말했다.

"그럼 왜 내게 보여주지 않았죠?" 친구가 물었다.

"아, 정말 죄송해요. 사장님이 견적 하나만 뽑아달라고 하셔서요." 직원이 대답했다. 이 직원의 머릿속에는 가장 저렴한 가격을 알아봐야 한다는 개념이 없었다. 단지 얼마이든 상사에게 한 가지 가격만 알려주면 일이 끝난다는 생각이었던 것이다.

"하지만 우리 사이에 공통점도 하나 있죠. 제시간에 퇴근한다는 거예요. 베트남 사람들은 초과 근무를 좋아하지 않아요." 친구가 덧붙였다. 이런 점은 야근이 흔한 한국이나 일본 직장인과는 다른 점이다.

또 다른 관리자는 사람을 고용할 때 그가 해야 할 일에 대해 일부러 추상적으로 설명한다고 말해주었다. 그동안 직원들이 명시적으로 써놓은 일만을 하기 때문에 프로젝트가 제대로 돌아가지 않는 문제가 있었기 때문이다. 그래서 이 관리자는 '프로젝트를 완수하는 데 필요한 모든 작업을 관리하기'라고 포괄적으로 업무 내용을 기술하기 시작했다.

또한 베트남의 몇몇 노동자들은 팀워크라는 개념이 부족해 보인다. 이들은 "왜 내가 저 사람을 도와야 하죠? 그건 내 일이 아니잖아요."라고 말한다. 이 직원들에게는 회사를 흑자로 유지해 모두에게 월급을 주기 위해서는 힘을 모아야 한다는 사실을 자세히 설명해야 한다.

또 베트남 노동자들은 이직률이 꽤 높아 관리자 입장에서는 회사 문화를 구축해 대응할 필요가 있다. 이를테면 회사 축구

사업 시작하기

다음은 창업에 관심 있는 사람을 위해 도움이 될 만한 영문 웹사이트다.

- 세계은행 홈페이지의 베트남 관련 정보: http://reurl.kr/2D566D2RM
- 글로벌 비즈니스 서비스: http://reurl.kr/2D566D4UI

팀을 조직하거나 한 달에 한 번 이상 술자리를 만들어 직원들 사이의 관계를 돈독하게 하는 것이다.

자원봉사하기

자원봉사 역시 하나의 '일'이다. 비록 직업을 갖고 일할 때와는 달리 돈이 반대 방향으로 흐르겠지만 말이다. 내가 이렇게 말하는 이유는 베트남에서는 자원봉사 프로그램에 참가하려면 대부분 참가비를 내야 하기 때문이다. 여기에는 숙박과 식대가 포함될 수도, 그렇지 않을 수도 있다.

봉사 프로그램은 무척 다양해서 여러분에게 맞는 것을 찾을 수 있다. 기간은 6개월에서 1주일, 심지어 한나절에 이르며 장소도 병원, 시골 학교, 무료 급식소, 고아원까지 다양한데 원하는 장소를 선택할 수 있다. 다음 웹사이트를 참고하자.

- www.gooverseas.com/volunteer-abroad/vietnam

NGO

이런 프로그램의 상당수는 모집 절차가 자원봉사 단체들과 유사하다(NGO인 만큼 참가자를 고르는 데 신중할 수도 있다). 여러분의 자격 조건과 참가하려는 단체에 따라 다르지만 참가비를 낼 수도 있고 소정의 급료를 받을 수도 있다. 당장은 마음에 드는 곳이 없어도 계속 찾다 보면 나타날 것이다.

현지의 NGO들은 보통 기금을 모으거나 복지를 향상시키는 활동을 한다. 그 밖에도 인신매매 근절이나 교육, 의료 정책에도 관여한다. 다음 웹사이트를 참고하자.

- www.ngocentre.org.vn/jobs

10

베트남 속성 노트

일단 사실을 정확히 파악하라.
그러고 나면 입맛대로 마음껏 왜곡할 수 있다.

–마크 트웨인, 작가

• 베트남 국가 정보 •

공식 명칭 베트남사회주의공화국

수도 하노이

국기 금성홍기. 붉은색 바탕에 노란별이 중앙에 자리함

국시 독립, 자유, 행복

국가 진군가(Tien Quan Ca)

시간 그리니치 표준시 + 7시간

국가 전화번호 코드 +84

위치와 국토 베트남은 길고 폭이 좁은 땅덩어리를 가졌으며 중국 남쪽 국경에서 시작해 타이만과 남중국해 사이에서 끝난다. 서쪽으로는 라오스, 캄보디아와 국경을 맞대고 있다.

국토 면적 33만 1210㎢ (육지: 31만 70㎢, 물: 2만 1140㎢)

가장 높은 산 판시판 산(해발 3143m)

기후 북부는 몬순 기후, 남부는 열대 기후다. 5월에서 9월까지는 덥고 비가 많이 오며 10월에서 3월까지는 따뜻하고 건조하다.

인구 총 9649만 명(2018년 현재). 베트남은 전 세계에서 14번째로 인구가 많은 나라이며 아시아에서는 8번째다. 2016년에는 연간 인구 증가율이 0.95%였다.

인종 집단 킨족이 전체의 85%이다. 그리고 나머지의 대다수를 따이, 크메르, 타이, 므엉, 눙, 호아 족이 차지한다.

종교 불교, 까오다이교, 가톨릭교

언어와 방언 베트남어가 국가의 공용어이며 도시 밖에서는 지역 방언들도 사용된다. 또한 영어가 제2공용어로 널리 쓰이고 프랑스어, 중국어, 크메르어도 제한적으로 사용된다.

정부 공산주의 국가(마르크스-레닌주의 일당 국가)

국가원수

- 응우옌 푸 쫑(공산당 서기장, 베트남에서 가장 권력이 있는 사람)
- 응우옌 쑤언 푹(총리)
- 쩐 다이 꽝(국가주석, 거의 형식적인 자리임)

행정구역 58개의 성과 5개의 중앙 직할시

대도시 하노이, 호찌민시티, 하이퐁, 다낭, 후에

통화 베트남동(VND)

국내총생산(GDP) 6473억 달러(2018년, PPP 기준)

농산물 캐슈, 커피, 후추, 쌀

기타 생산품 차(茶), 고무, 생선, 해산물

산업 식품 가공, 보크사이트(알루미늄 원광) 채굴, 의류, 신발, 기기 생산, 휴대폰

주요 수출품 의류, 직물, 신발, 전자기기, 커피, 쌀, 해산물

주요 수입품 기계, 컴퓨터, 직물, 전화, 석유

항구 호찌민시티, 다낭, 하이퐁, 하노이, 나응오이, 껀터, 혼가이, 미토, 응헤틴, 푸미, 떤깡, 붕따우, 깜파, 다이훙, 동탑, 혼쫑, 레몬, 남깐, 냐짱, 꾸이년, 번퐁베이

공항 2017년 기준으로 베트남에는 25개의 민간 공항이 있다. 그 가운데 가장 큰 세 곳은 다음과 같다.

- 노이바이 국제공항: 하노이를 비롯한 북부 지역에 갈 때 이용한다.
- 딴선녓 국제공항: 사이공에 갈 때 이 공항을 이용한다. 이 공항은 전쟁 시기의 유물로 2025년에는 롱탄 국제공항으로 대체될 예정이다. 새 공항은 1년에 1억 명이 드나들도록 설계될 것이다.
- 다낭 국제공항: 이 공항은 베트남 남부와 북부 사이, 대략적인 중간 지점으로 데려다준다.

베트남의 유명 인물

딘라탕 Dinh La Thang

2016년 초부터 호찌민시 당서기를 지냈고 도시를 발전시키기 위한 정책을 폈다. 북부에서도 유명한 정치인에 대한 주제가 나오면 현지인들은 딘라탕을 언급할 것이다.

손뚱 Son Tung M-TP

젊은 남성 싱어송라이터로 유명하다. 노래를 듣고 나면 베트남의 저스틴 비버라고 부르고 싶을 것이다. 설령 EDM(일렉트로닉 댄스음악)이나 팝 음악이 취향이 아니라 해도 베트남에서는 손뚱의 얼굴을 어디서나 볼 수 있다.

미떰 My Tam

음역대가 3옥타브에 이르는 여성 뮤지션이자 팝 가수다. 1999년부터 오랫동안 성공가도를 달렸으며 'V팝의 여왕'이라 불린다. 오디션 프로그램인 '베트남 아이돌'과 '보이스 오브 베트남'에서 심사위원을 지냈다.

호응옥하 Ho Ngoc Ha

발라드, 팝, R&B 장르의 여성 가수다. 미떰과 함께 오디션 프로그램에서 심사위원을 맡았다. 음악 활동 외에 패션 감각과 자선 활동으로도 유명하며 누구와 연애를 하는지도 대중의 관심을 끌고 있다.

쑤언박 Xuan Bac

남성 코미디언이자 배우이며 텔레비전 게임 쇼의 진행을 맡았다. 유니세프 친선대사이기도 하며 베트남 오지의 식수 위생에 대해 사람들의 관심을 촉구했다.

레꽁빈 Le Cong Vinh

남성 축구선수이며 2015년부터 베카멕스 빈즈엉(Becamex Binh Duong) 팀의 스트라이커로 뛰고 있다. 베트남 국가대표이기도 하며 태국, 싱가포르, 아랍에미리트와의 지역 토너먼트에서 많은 득점을 기록했다.

호앙쑤언빈 Hoang Xuan Vinh

남성 사격 선수로 육군 대령이다. 2016년 리우 올림픽 10미터 공기권총 경기에서 금메달을 따 일약 국가적인 영웅이 되었다. 며칠 뒤에는 50미터 경기에서도 은메달을 따 2연속으로 메달 획득에 성공했다.

하노이에서 흥미로운 곳

호찌민 묘소

호찌민이 잠들어 있는 묘소로 화강암으로 지은 건축물이다. 1945년에 호찌민이 베트남의 독립을 선포했던 하노이 바딘 광장에 자리한다. 부패되지 않게 보존한 호찌민의 유해를 직접 보기 위해 매일 방문객들이 길게 줄을 선다. 내부에 들어갈 때는 남성과 여성 모두 긴

바지를 착용해야 하며 사진 촬영은 금지된다.
묘소를 둘러본 뒤에는 근처의 호찌민 박물관도 방문할 만하다. 호찌민의 탄생에서 시작해 베트남 독립을 향한 여정, 전쟁 한가운데에서 맞이한 죽음까지 그의 삶 전반을 엿볼 수 있다.

하노이 문묘

바딘 구에 있는 1000년 된 사원으로 공자와 그의 영향을 받은 베트남 학자들을 기리기 위해 세워졌다. 고대에 황제가 세운 학교와 여기서 발전시킨 학문을 기념하는 곳이다. 이곳은 다섯 개의 뜰로 이뤄졌고 멋진 문이 각각의 뜰 사이를 분리한다. 가장자리에는 나무가 줄지어 서서 도시의 소란스러움을 차단한다. 여러분이 베트남 지폐를 미리 환전했다면 하노이 문묘를 이미 봤을 것이다. 10만 동 지폐 뒷면에 이곳이 그려져 있기 때문이다.

구시가지

구시가지는 아마도 하노이라는 도시에서 가장 매력적인 장소일 것이다. 수십 곳의 그늘진 골목들이 벌집처럼 얽힌 구시가지는 밋밋한 회색 도시에서 벗어난 이색적이고 신비로운 도피처다. 여기에는 조용한 호텔과 프랑스 식민지 시기의 건물들, 엄청나게 많은 길거리 식당과 카페가 불교 사원 바로 옆에 공존한다. 구시가지는 외부 세계의 변화에 저항한다.
이곳은 2000년에 걸쳐 외국인들을 끌어들였다. 중국인, 프랑스인에 이어 지금은 배낭여행객들이 잔뜩 몰리고 있다. 금요일, 토요일, 일요일 밤이 되면 시가지는 자동차가 통제되고 행상인이 거리를 메우면서 야시장이 열린다.

호안끼엠 호수

하노이 구시가지의 가장자리에 가면 타원형 호수가 있다. 이 호수의 남쪽 끄트머리 섬에는 작은 탑이 있고 북쪽의 더 큰 섬에는 사원이 세워져 있다.
전하는 이야기에 따르면 먼 옛날 베트남 황제 레러이는 중국 통치자들에 대항하기 위해 신으로부터 검을 받았다. 어느 날 레러이는 이

하노이 시민들의 대표적 쉼터인 호안끼엠 호수.

호수에 왔다가 황금 거북이 모습을 한 신으로부터 검을 호수 물에 빠뜨려 신에게 돌려주라는 요청을 받고 그렇게 했다.
날이 어두워지면 투광 조명등이 호수를 환하게 비춘다. 금요일과 토요일, 일요일 밤이면 호수 주변 도로에 자동차가 통제되어 걷는 거리로 탈바꿈한다. 구시가지 야시장과 일정을 맞추는 것이다.

호아로 수용소

이곳은 프랑스 식민 당국이 베트남의 반체제 인사들을 가두기 위해 지었다. 나중에는 북베트남이 전시 교도소로 활용했다.
프랑스 식민 당국은 이곳을 '메종 상트랄'이라 불렀고 나중에 미국인 전쟁 포로들은 '하노이 힐튼'이라는 건조한 별명으로 불렀다. 지금은 대부분 무너진 상태지만 정문 부근은 아직 남아있고 부속 박물관이 하나 세워져 있다.

따이호

'서호'라는 의미다. 대부분의 외국인은 이 호수 북쪽에 자리한 행정구역에 거주하며, 그 구역 전체를 따이호라 부른다. 한 번쯤은 오토바이를 타고 이 호수를 둘러싼 총 17킬로미터에 이르는 길을 달려

보기 바란다.

쩐꾸옥 사원

1400년 묵은 이 사원은 따이호 기슭 언저리의 녹음이 우거진 작은 섬 위에 자리한다. 사원에는 꽤 높은 탑이 있고 그 안에 불상이 놓였다. 사원을 찾은 방문객들은 향을 태우고 공물을 바친다. 승려들은 오늘날까지 섬에 산다.

군사 역사 박물관

호찌민 묘소에서 신호등을 두 개 건너면 이 박물관이 나온다. 박물관 뜰에는 전쟁 때 빼앗은 미군 전투기와 대포들이 즐비하다. 이 뜰은 박물관 건물과 200년 된 감시 초소인 41미터짜리 깃발 탑 사이에 있다.

박물관이 오래되어 영어로 된 설명문이 없는 전시물도 있다. 하지만 베트남의 전쟁사를 현지인의 관점에서 바라볼 수 있다는 점에서 한 번쯤 들를 만하다.

여성 박물관

호안끼엠 호수에서 얼마 떨어지지 않은 곳에 자리한 이 4층짜리 박물관은 과거와 현재, 도시와 시골을 넘나들며 베트남 사회에서 여성이 어떤 역할을 했는지를 보여준다. 베트남전 당시 여성들이 스파이 활동과 게릴라전에서 활약했던 모습뿐 아니라 베트남 농촌의 결혼 관습과 가족들의 생활에 대해 자세히 살필 수 있다.

민속 박물관

까우자이 구에 자리한 이 박물관은 도심에서 조금 벗어나있다. 이 박물관에서는 베트남의 54개 민족 집단의 문화적인 구성을 보다 넓은 관점에서 바라볼 수 있다. 각 민족 집단의 예술작품과 공예품, 복원된 전통 주택들이 망라되었다.

벤탄 시장

수백 곳의 노점상과 좌판이 가득한 큰 규모의 실내 시장이다. 내가 가보니 정말로 어떤 물건이든 구할 수 있는 시장이라는 생각이 들었다. 사이공 1구에 자리한 이 시장은 도시의 주요 랜드마크다.

전쟁 박물관

이곳은 3구에 자리했지만 (관광객들이 주로 머무르는) 1구에서도 걸어갈 수 있는 거리다. 전쟁 때 빼앗은 미군의 무기와 전투기가 야외에 전시되어 있다는 점에서 하노이의 군사 역사 박물관과 비슷하다. 차이점이 있다면 이 전쟁 박물관은 '항미 전쟁(베트남전)'에만 초점을 맞추었다는 것이다.

통일궁

통일궁은 베트남전을 치르는 동안 남베트남의 대통령이 집무를 보던 곳이다. 동시에 전쟁이 극적으로 대단원의 막을 내린 장소이기도 하다. 북베트남의 탱크가 통일궁 문을 통과해 나아간 다음 북측 관

© kikujungboy

사이공 1구에서 랜드마크 역할을 하는 벤탄 시장.

료들이 남측의 항복을 직접 받아냈기 때문이다. 내부로 들어가 사무실과 작전실을 직접 둘러볼 수 있다. 이곳은 1구에 자리하며 축구 경기장 넓이의 공원과 우뚝 솟은 나무들에 둘러싸여 있다.

노트르담 대성당

사이공 1구에 있는 이 거대한 가톨릭 성당은 19세기에 프랑스 당국이 세웠다. 건축하는 데 쓴 타일과 붉은색 벽돌을 모두 유럽에서 가져왔다. 성당에서 가장 높은 곳은 두 개의 쌍둥이 종탑이며 건물 앞쪽에 동정녀 마리아의 동상이 있다. 입장료는 없다.

비텍스코 파이낸셜 타워

지상 68층인 이 타워는 사이공에서 가장 높으며 베트남에 최초로 세워진 초현대식 건물이다. 날렵한 곡선을 자랑하는 타워의 외관이 남베트남의 원대한 야망을 드러낸다(헬기장도 있다). 49층의 사이공 스카이덱에서 바라보는 경관이 멋지다.

호찌민 시청

프랑스 당국이 1908년에 건축한 이 건물은 시청이라기보다는 왕궁에 더 가까워 보인다. 일반인이 출입할 수 없지만 바깥에 사진 찍기 좋은 곳이 있어 굳이 답답한 건물 내부에 들어가지 않아도 된다. 시청 건물 앞에서 사이공강에 이르기까지 넓은 뜰이 펼쳐진다. 한 팔을 들어 올린 호찌민의 7미터짜리 동상도 서있다. 동상은 발밑의 사람들과 양옆으로 올라간 반짝이는 건물들 모두에 인사를 하는 것처럼 보인다.

꾸찌 터널

베트남 전쟁사에 관심 있는 사람은 꼭 가봐야 할 장소다. 베트남전 당시 베트콩들의 대피처이자 수송로, 창고 역할을 하던 거대한 지하 연결망의 극히 일부다. 터널을 구경하다 보면 지옥 같았던 전선의 폐소공포증과 어둠, 부비트랩이 느껴진다. 러시아 소총 AK47을 직접 쏴볼 수 있는 사격장도 있다. 사이공 한복판에서 약 1시간 거리다.

메콩 삼각주에 간다면 이런 수상시장에 들러보라. 사진은 속짱 지역에서 아침마다 열리는 수상시장.

문 · 화 · 퀴 · 즈
CULTURE QUIZ

CASE 1

여러분은 새 직장에 들어간 지 일주일에 접어들었고 동료와 친해지기 위해 밖에서 점심을 먹기로 했다. 식사를 마치고 계산서가 오자 여러분은 지갑을 꺼내 자기 몫만을 계산하려 한다. 하지만 동료는 자기 밥값을 계산하려는 기색이 없다. 어떻게 할 것인가?

A. **무례하지 않게 계산이 헷갈렸던 것처럼 "그렇군. 그러면 당신 밥값은 3만 동이겠네요."라고 중얼거린다.**

B. **여러분의 밥값이 얼마인지 계산하고 그만큼의 돈을 식탁에 내려놓아 동료에게 힌트를 준다.**

C. **스마트폰 계산기 어플을 켜서 전체 액수에서 여러분의 밥값을 뺀 결과를 동료에게 보여준다.**

D. **동료 몫까지 전부 계산한 다음 사무실로 복귀한다.**

조언 서양에서는 이런 상황에서 누가 돈을 내는지에 대해 엄격한 규칙이 없다. 하지만 베트남 문화에서는 먼저 식사를 같이 하자고 제안한 사람이 밥값을 계산한다. 대신에 그 답례로 나중에 식사(또는 커피나 음료)를 대접하곤 한다. 그래서 정답은 d다.

다른 나라라면 a, b, c 같은 선택지도 가능하다. 하지만 여기는 베트남이지 캔자스가 아니다.

◎ CASE 2

다음 날 아침 여러분은 붐비는 회사 건물 로비에서 엘리베이터를 기다리는 중이다. 그때 한 할머니가 어린아이를 데리고 뻔뻔하게 여러분 앞에 끼어들어 다음 엘리베이터를 타려고 한다. 여러분은 타지 못할 상황이다. 어떻게 할 것인가?

A. **대놓고 크게 한숨을 지은 다음 제시간에 책상 앞에 도착하기 위해 쏜살같이 계단을 내달려 올라간다.**

B. **할머니의 어깨를 톡톡 두드린 다음 뒤로 가달라고 정중하게 손짓한다.**

C. **주변 사람들을 흘긋 바라보며 어쩔 수 없다는 듯 어깨를 으쓱한다. 그리고 할머니를 먼저 보내준다.**

D. **조용하지만 단호하게 할머니 앞으로 움직여 자리를 되찾는다.**

조언 일단 a는 조금 무례해 보인다. 여러분 말고도 예의 없는 외국인은 이미 많다(게다가 어떻게 계단을 다 올라가려고 그러는가?). b와 d도 나름 끌리긴 하지만 c가 가장 낫다. 베트남에서는 연장자가 우선이므로 할머니가 (아마도) 그보다 젊은 외국인인 여러분에 비해 지위가 높다. 거기다가 아이를 데리고 있는 만큼 할머니에게 도전하는 것은 무례한 행동이다.

만약 할머니에게 아이가 없었다면 어떨까? 그래도 끼어들게 내버려두라. 베트남 사람들은 이런 상황에서 적자생존을 앞세운 다윈주의자다. 할머니가 탄 다음 비집고 들어갈 구석이 있다면 어떻게든 끼어들 것이다. 매일 도로 위에서 벌어지는 일이다.

◎ CASE 3

어느 날 저녁 동료가 여러분에게 저녁식사를 같이 하자고 페이스북 메시지를 보냈다. 시간은 돌아오는 토요일 저녁이고 사무실 사람들도 모두 참석할 예정이다. 문제는 여러분이 이미 그 날 외국인 친구의 생일파티에 가기로 약속했다는 것이다. 어떻게 해야 할까?

A. 동료의 초대를 받아들이고 원래 약속했던 친구에게는 직장 회식 때문에 파티에 참석할 수 없다고 얘기한다.

B. 동료에게 안됐지만 그 날 밤 무척 중요한 약속이 이미 잡혔다고 말한다. 그리고 페이스북 메시지는 물론이고(우는 표정의 이모티콘을 많이 붙여서) 사무실에서도 직접 만나 충분히 사과한다.

C. 친구와의 의리를 지키기 위해 직장을 그만둔다(취업허가증도 날아갈 것이다).

D. 회식에 일단 참석해 적당히 자리를 지킨 다음 조금 일찍 나와 친구 생일파티에 간다.

조언 여러분의 상황에 따라 여러 선택지가 가능하다. 만약 회사에 들어온 지 얼마 되지 않아 동료들과 관계를 돈독히 해야 한다면 a가 현명한 선택이다. 회식에 참석해 끝까지 자리를 지키라는 뜻이다. 한편 누군가의 초대를 거절하는 것은 체면을 깎는 일이기 때문에 b처럼 하면 여러분은 선약은 지켜도 앞으로 동료와 약간 거리감이 생길 수 있다. 그리고 만약 여러분이 동료와 오래 알고 지냈고 이미 친분이 깊다면 d처럼 양쪽 모임에 시간을 나눠 써도 괜찮다. 그렇게 해도 동료들은 여러분을 이해해줄 것이다. 베트남에서도 회사 일은 중요하지만 그것이 종교처럼 절대적이지는 않다. 그렇다면 c는 어떨까? 농담이다. 그렇게 하지 말라.

CASE 4

회사에 출근한 여러분은 전날에 부하 직원이 서둘다가 엉뚱한 서류를 작성했다는 사실을 알았다. 이 직원은 신입이라 일을 배우는 중인데 지금 쫓겨나지 않을까 걱정하고 있다. 그런데 회의 자리에서 상사가 누군가 실수했다는 사실을 알고 여러분에게 누구 잘못인지 묻는다. 어떻게 대답할 것인가?

A. 그 서류가 필요했는지도 몰랐다며 아무것도 모른다는 식으로 빠져나간다.

B. 상사에게 잘못을 저지른 직원을 밝힌 다음, 동시에 그것이 고의적인 실수가 아니라고 변호한다.

C. 부하 직원이 실수한 게 아니라 잘못된 서류를 넘긴 여러분 자신의 책임이라고 말한다. 그리고는 즉시 서류 작업을 제대로 마치겠다고 얘기한다.

D. 선의의 거짓말을 한다. 누가 잘못했는지 모르겠지만 곧 제대로 고쳐놓겠다고 얘기한다.

조언 여러분이 a를 택하면 준비되지 않고 무책임한 사람으로 비칠 수 있다. 여러분이 베트남 사람들처럼 체면을 중요시하지는 않을지 모르지만 약간은 신임을 잃을 것이다. b는 가장 잘못된 선택지다. 해당 직원은 상사에게 찍혀 눈 밖에 날 것이다. 이것은 베트남 부하 직원들이 가장 당황하는 상황이다. 그러니 조금은 정직하지 않지만 나라면 c를 택할 것이다. 직원이 체면을 잃지 않도록 사소한 거짓말을 하는 것이다.

d는 왜 안 될까? 지나치게 정직하지 못하고 여러분이 팀을 제대로 이끌지 못한다는 인상을 주기 때문이다.

CASE 5

베트남 회사를 다니는 여러분은 2주에 걸쳐 구정 연휴를 보냈다. 연휴가 끝나 회사에 나올 때쯤 여러분은 그동안 마신 맥주 때문에 볼에 살이 조금 올랐다. 한 베트남 동료가 책상 앞에서 여러분을 마주치고는 이렇게 말한다. "연휴 잘 보냈어요? 아, 살이 좀 쪘네요!" 어떻게 대응할 것인가?

A. 못 들은 척하고 자리에 앉아 일을 시작한다.

B. 반격을 날린다. 웃으면서 동료에게 "당신도 살이 쪘네요!"라고 대꾸한다.

C. 정색하고는 여러분의 고국에서는 그런 말이 무례하게 여겨진다고 말한다. 동료로 하여금 그런 발언에 대한 문화적인 차이를 깨닫게 한다.

D. 일단 입 다물고 공격을 받아낸 다음 웃으면서 이렇게 받아친다. "아, 그런 것 같아요. 연휴에 많이 먹었거든요."(그런 다음 퇴근하고 운동하러 간다.)

조언 꽤 벌어질 법한 상황이다. 9장에서 살폈듯이 베트남 사람들은 지나치게 솔직할 때가 있다. 그래서 a는 좋은 선택지가 아니다. 동료는 여러분이 자기를 무시한다고 생각할 것이다. b 역시 바람직하지 않다. 상대방에 대한 공격이므로 악의가 느껴질 것이다(그리고 베트남 사람들은 결코 살이 쪄 보이지 않는다. 그러니 어쨌든 거짓말인 셈이다). c도 좋지 않다. 이곳은 베트남이지 여러분의 고국이 아니기 때문이다. 그러니 답은 마지막으로 남은 d다.
나는 머리를 새로 잘랐는데 이전만 못하다든가 눈 밑이 거뭇해 너구리같다는 말도 들어봤다. 개인적인 질문("왜 아직 결혼을 안 하셨어요?")이나 대놓고 무례한 얘기("당신이 여기 온 건 미국에서 일자리를 구할 만큼 똑똑하지 못해서인 것 같아요.")를 해도 베트남에서는 아무 문제없다. 그리고 직설적인 것은 나름 장점이 있다. 여러분이 실제로 살이 찌기 시작했다면 주변 사람들이 즉각 알려줄 테니 말이다.

해야 할 것과 하지 말아야 할 것

DO'S AND DON'TS

Do ››››

- 적어도 간단한 베트남어 인사말은 배우려고 노력하라.
- 베트남 가정이나 가게 안에 들어갈 때는 신발을 벗어라.
- 어떤 집단의 가장 나이 많은 사람에게 먼저 인사해라(가벼운 목례와 함께).
- 중년 이상 어르신들에게 거역하지 말라(아무리 새치기를 한다 해도).
- 여러분이 먼저 무언가를 먹거나 마시러 가자고 청했다면 상대방의 몫까지 계산하라(나중에는 그들이 먼저 같이 식사하자 청하고 여러분 몫을 계산할 것이다).
- 여행을 다녀왔다면 친구나 가까운 동료들에게 작은 선물을 하라.
- 결혼식이나 약혼식, 장례식에 가면 약간의 현금을 봉투에 담아 선물하라.
- 오토바이나 승용차를 운전해서 교차로를 지날 때는 경적을 울려라. 그래야 안전하다.
- 베트남에 처음 도착한 날짜를 잘 기억해서 비자가 만료되지 않도록 주의하라.
- 사람이 많은 곳에서는 오토바이에 자물쇠를 채우고 소지품을 도난당하지 않게 조심하라.

Don't »»

- 누군가의 실수나 잘못을 공개적으로 지적해서 망신을 주지 말라.
- 공개된 장소에서 지나친 애정 행각을 하지 말라.
- 다른 사람을 검지로 가리키거나 손가락을 위로 까닥거려 이리 오라는 동작을 하지 말라.
- 누군가의 초대를 거절하지 말라(정말로 어쩔 수 없는 변명거리가 없는 한).
- 사람들과 같이 음식을 먹을 때 마지막 남은 음식을 가져가지 말라.
- 음식이 든 그릇에 젓가락을 수직으로 꽂지 말라. 대신 그릇 위에 가로로 올려놓아라.
- 현지인과 외국인이 같이 일하는 회사에서 베트남 정부를 부정적으로 말하거나 호찌민에 대한 험담을 하지 말라.
- 개인적인 질문을 받았을 때 여러분이 그 질문을 무례하게 여긴다는 티를 내지 말라.
- 노점상이나 택시 기사에게 사기를 당해도 화를 내며 따지거나 싸우지 말라.

필수 단어장

여러분이 아직 베트남에서 생존하기 위한 필수 회화를 정리하지 못했다면 여기 있다. 이 내용을 익히려면 하루나 이틀은 꼬박 걸릴 것이다. 잘 외우지 못하는 편이라면 한 달이나 두 달이 걸릴지도 모르지만 말이다. 하지만 혼자서 소리 내 읽기만 하면 발음은 맞다 해도 성조가 틀리기 쉽다. 다시 말하지만 그럴 때는 유튜브 영상이 도움이 된다. 베트남에 가는 비행기에 오르기 전에 여러 번 반복해서 연습해보자.

베트남어		의미
Xin chào	씬 짜오	안녕하세요(더 격식 없는 자리에서는 '짜오'라고만 말해도 된다).
Tạm biêt	땀 비엣	잘 가요.
Tôi tên là~	또이 뗀 라~	내 이름은 ~입니다.
Cảm ỏn	깜언	감사합니다.
Khỏe không?	코에 콩?	잘 지내요?
Khỏe cảm ỏn	코에 깜언	잘 지내요. 감사합니다.
Xin lôi	씬 로이	미안해요(도로에서 누군가의 오토바이가 여러분과 충돌하면 이 말을 들을 수도, 못 들을 수도 있다).
Không sao	콩 사오	문제없어요.

Tôi không hiểu	또이 콩 히에우	이해가 가지 않아요.
Gia bao nhieu	지아 바오 니에우	얼마에요?
~ỏ đâu?	~오 더우?	~는 어디 있나요?

숫자

0	**Không**	콩
1	**Môt**	못
2	**Hai**	하이
3	**Ba**	바
4	**Bôn**	본
5	**Nam**	남
6	**Sáu**	사우
7	**Bảy**	바이
8	**Tám**	땀
9	**Chin**	찐
10	**Muoi**	므어이

응급 전화번호

- 110: 국제 전화 교환원
- 113: 경찰
- 114: 소방서
- 115: 구급차

전화를 걸 때

국외에서 베트남 전화번호로 전화를 걸 때는 국가코드(+84)를 번호 앞에 붙여야 한다. 그리고 베트남 국내에서 전화를 걸 때는 국가코드를 떼고 대신 0을 붙인다. 예컨대 (+84) 9 03XX XXXX는 국내에서 09 03XX XXXX이 된다.

대사관

다음 웹사이트에는 베트남에 위치한 외국 대사관과 영사관 94곳의 목록이 정리되어 있다.
http://embassy.goabroad/com/embassies–in/vietnam

학교

하노이
하노이 유엔 국제학교 (www.unishanoi.org)
하노이 국제학교 (www.hisvietnam.com)
영국 국제학교 (www.nordangliaeducation.com/our–schools/vietnam/hanoi/bis)
하노이 세인트폴 미국 학교 (www.stpaulhanoi.com.vn)
하노이 국제 유치원 (http://hik.edu.vn)

사이공
호찌민 시티 국제학교 (www.ishcmc.com)
싱가포르 국제학교 (www.sis.edu.vn)
남사이공 국제학교 (www.ssis.edu.vn)
베트남 미국 학교 (www.theamericanschool.edu.vn)
캐나다 국제 학교 (www.cis.edu.vn)
베트남 오스트레일리아 학교 (www.aisvietnam.com)
사이공 몬테소리 국제 유치원 (www.smisvn.com)
사이공 키즈 유치원 (www.saigonkidskindergarten.com)

언어 학교

하노이

히든 하노이 (www.hiddenhanoi.com.vn)

사이공

하이공 언어 학교 (saigonlanguage.com/en)
베트남 언어 스터디 (www.vlstudies.com)

종교기관

베트남 불교도 협회(www.chuaquansu.net): 이 웹사이트는 하노이 호안끼엠 구에 있는 꾸안수 사찰의 홈페이지다. 하지만 베트남어로 되어있으니 이 사찰에 직접 찾아가는 게 좋다.
이슬람교: www.vietnamvisa-easy.com/blog/islamic-mosques-in-vietnam에 들어가면 베트남의 주요 모스크 다섯 곳에 대해 알 수 있다.
가톨릭교회: http://directory.ucanews.com/country/vietnam/34에 들어가면 베트남의 가톨릭 교구에 대해 알 수 있다.
기독교 선교 단체 미션 베트남 (www.missionvietnam.org)

봉사단체

인터내셔널 발런티어 HQ (www.volunteerhq.org)
비나 발런티어 서비스 (http://vietnamvolunteer.net)
발런티어링 솔루션즈 (www.volunteeringsolutions.com)
프로젝트 어브로드 (www.projects-abroad.org)
글로브 어웨어 (www.globaware.org)

서점

하노이

북웜 (44 Chau Long, Ba Dinh District)
파하사 서점 (338 Xa Dan, Dong Da District)
또 '책방 골목'에 가면 영문 서적을 파는 가게 몇 곳이 있다. 베트남어로 'Đinh Le'라 하며 호안끼엠 구에 위치한다.

사이공

BOA 서점 (6 Cong Truong Quoc Te, Building C19, 3rd Floor, District 3)
북카페 PNC (105 Tran Hung Dao, District 5)
파하사 서점 (이 서점은 사이공에 여러 분점이 있다.)

신문

사이공 타임즈 (일간지)
베트남 뉴스 (영자 신문, 온라인과 종이신문이 있음)
Tuoitrenews.vn (일간 온라인 영자 신문)

잡지

더 워드 베트남 (The Word Vietnam)
아시아 라이프 베트남 (Asia Life Vietnam)
오이 베트남 (Oi Vietnam)

세계를 읽다

베트남

초판 1쇄 발행 2018년 9월 1일
2쇄 발행 2019년 5월 25일

지은이 벤 엔겔바흐
옮긴이 김아림
펴낸이 박희선
디자인 디자인 잔
마케팅 김하늘
사진 Shutterstock

발행처 도서출판 가지
등록번호 제25100-2013-000094호
주소 서울 서대문구 거북골로 154, 103-1001
전화 070-8959-1513
팩스 070-4332-1513
전자우편 kindsbook@naver.com

ISBN 979-11-86440-24-7 (04900)
979-11-952016-5-5 (세트)

이 도서의 국립중앙도서관 출판예정도서목록(CIP)은 서지정보유통지원시스템 홈페이지(http://seoji.nl.go.kr)와 국가자료공동목록시스템(http://www.nl.go.kr/kolisnet)에서 이용하실 수 있습니다.(CIP제어번호: CIP2018025698)

KINDS BOOK

도 서 목 록

가지가지 세상에서
괜찮은 한 가지를 찾아가는

책

도서출판 가지의 영문 이름은 'KINDSbook'입니다.
책의 다양성, 책의 넓이를 생각하며
한 권 한 권 기획 출간하는 1인출판사입니다.
'가지'라는 이름은 세계를 이루는 여럿 속의 하나,
단독으로 존재할 수 없지만 독보적인 색깔을 지닌 무엇을 뜻합니다.
그런 사람, 그런 생각, 그런 취향을 찾아서
우리 삶의 지평을 넓히는 책을 만들고자 합니다.

주목하는 테마는 여행, 도시, 생태, 윤리적인 삶이며
현대인의 변화하는 라이프스타일 전반에 관심을 둡니다.
우리 삶을 구체적으로 바꿔내는 데 힘이 될 쉽고 친절한 인문교양서,
스토리가 탄탄한 실용 콘텐츠를 꾸준히 소개하겠습니다.

도서출판가지 출간도서

1 **세계를 읽다 터키** 아른 바이락타롤루 지음, 정해영 옮김 | 16,000원
2 **작은 차 예찬** 박규철 지음 | 16,000원
3 **세계를 읽다 호주** 일사 샤프 지음, 김은지 옮김 | 16,000원
4 **세계를 읽다 프랑스** 샐리 애덤슨 테일러 지음, 정해영 옮김 | 16,000원
5 **에콜로지스트 가이드 푸드** 앤드류 웨이슬리 지음, 최윤희 옮김 | 13,500원
6 **에콜로지스트 가이드 패션** 루스 스타일스 지음, 정수진 옮김 | 13,500원
7 **세계를 읽다 이탈리아** 레이먼드 플라워, 알레산드로 팔라시 지음, 임영신 옮김 | 15,000원
8 **오늘은 빨간 열매를 주웠습니다** 황경택 지음 | 18,000원
9 **세계를 읽다 핀란드** 데보라 스왈로우 지음, 정해영 옮김 | 15,000원
10 **섬:살이** 김준 지음 | 16,000원
11 **세계를 읽다 독일** 리처드 로드 지음, 박선주 옮김 | 15,000원
12 **세계를 읽다 인도** 기탄잘리 콜라나드 지음, 정해영 옮김 | 15,000원
13 **몸을 씁니다** 플로랑스 비나이 지음, 박태신 옮김 | 13,500원
14 **꽃을 기다리다** 황경택 지음 | 18,000원
15 **세계를 읽다 두바이** 리나 아셔 지음, 서소울 옮김 | 15,000원
16 **부산(여행자를 위한 도시인문학)** 유승훈 지음 | 14,000원
17 **엄마, 나는 걸을게요** 곽현 지음 | 14,000원
18 **겨울정원** 김장훈 지음 | 17,000원
19 **인생은 간결하게** 쥐디트 크릴랑 지음 | 13,500원
20 **세계를 읽다 일본** 라이나 옹 지음, 정해영 옮김 | 15,000원
21 **내 안의 자연인을 깨우는 법** 황경택 지음 | 13,500원
22 **세계를 읽다 베트남** 벤 엔겔바흐 지음, 김아림 옮김 | 15,000원
23 **비관주의자를 위한 낙관주의 수업** 델핀 뤼쟁뷜, 오렐리 페넬 지음, 박태신 옮김 | 14,900원
24 **마산진해창원(여행자를 위한 도시인문학)** 김대홍 지음 | 16,000원
25 **타이니하우스(집 이상의 자유를 살다)** 엘리자베스 노디노 외 지음, 권순만 옮김 | 19,800원
26 **자연 그대로의, 식물 컬러링** 황경택 지음 | 14,900원
27 **세계를 읽다 타이완** 우 링리, 크리스 베이츠 지음, 정해영 옮김 | 16,000원

그 문화 속으로, 인문여행

세계를 읽다 시리즈

세계를 읽다 독일

리처드 로드 지음 | 박선주 옮김 | 15,000원

탐욕과 파괴의 근대사를 거쳐 냉전시대에 40년 민족 분단까지 겪은 독일이 어떻게 유럽 경제의 중심으로 빠르게 도약할 수 있었는지 보여준다. 저자는 역사적 상처에서 여전히 회복 중인 독일인의 마음 읽기에 공을 들이며, 이들 사회에서 조금은 차별적인 '외국인'의 의미를 진단한다. 그리고 그런 문화 속에서 다양성의 일원으로 정착해 살아가는 데 필요한 조언을 해준다.

*'세계를 읽다' 시리즈는 영미권 최고의 세계문화 안내서 '컬쳐쇼크' 시리즈의 한국어판 제목이다.

세계를 읽다 프랑스

샐리 애덤슨 테일러 지음 | 정해영 옮김 | 16,000원

자전거로 여행하는 와인의 나라, 프랑스에 대한 가장 완벽한 문화 해설서이다. 와인 저널리스트로 활동하며 프랑스의 속살을 깊숙이 들여다본 저자가 썼다. 프랑스어를 배우고 프랑스인들과 일하는 최선의 방법, 파리지앵처럼 몸짓으로 소통하는 법이나 레스토랑에서 와인을 선택하는 요령에 이르기까지 프랑스에서의 삶에 필수적인 모든 주제를 다룬다.

세계를 읽다 이탈리아

레이먼드 플라워, 알레산드로 팔라시 지음 | 임영신 옮김 | 16,000원

시대의 천재들이 빚어낸 문화예술의 나라 이탈리아와 그 속에서 흥미로운 모순들에 감싸인 채 살아가는 이탈리아인에 대한 풍부한 해설이 담겼다. 피렌체, 로마, 나폴리, 베네치아 등 역사적인 도시들은 물론이고 지방의 작은 마을들까지 찾아가 지리, 음식, 건축, 문학, 인물에 얽힌 다채로운 이야기를 들려줌으로써 눈으로 보는 것보다 풍부한 문화적 체험을 선사한다.

세계를 읽다 핀란드

데보라 스왈로우 지음 | 정해영 옮김 | 15,000원

거의 탐험되지 않은 땅, 핀란드에 관한 재미난 특강과도 같은 책이다. 국토의 1/3이 북극권에 걸쳐 있는 지리적 조건, 독립국가로서 불과 100년이 안 된 역사, 인구 500만의 작은 나라가 어떻게 그토록 빠르게 다양한 분야에서 '세계 상위권'에 올라설 수 있었는지를 보여준다. 핀란드 사회가 중시하는 가치들을 비중 있게 다루며 현지 생활에 적응하기 위한 실용적인 팁도 가득 담았다.

세계를 읽다 터키

아른 바이락타롤루 지음 | 정해영 옮김 | 16,000원

'세계사 1번지' 터키의 역사문화에 관한 거의 모든 것을 담았다. 유럽과 아시아의 경계에서 역사상 가장 거대한 제국(오스만제국)을 이루었던 터키인의 뿌리에서부터 출발해 동양과 서양, 이슬람과 기독교 문화, 케밥 가게와 최고급 레스토랑 등 서로 이질적인 것들이 공존하며 더욱 역동적으로 변모해가는 터키의 오늘과 그 이면의 이야기를 속속들이 전해준다.

세계를 읽다 인도

기탄잘리 콜라나드 지음 | 정해영 옮김 | 15,000원

신들의 질서가 지배하는 윤회의 땅, 인도에서의 삶과 정신을 이야기한다. 인도는 무려 4636개의 지역공동체, 325개의 언어, 7가지 이상의 종교를 가진 12억 인구가 모여 사는 거대 국가다. 지역마다의 많은 차이에도 불구하고 12억 인도인을 하나로 연결 지어 주는 전통과 가치관에 주목하며 초기 인더스문명에서부터 영국 식민시대를 지나온 2천 년 역사를 되짚는다.

세계를 읽다 일본

라이나 옹 지음 | 정해영 옮김 | 15,000원

광기와 평화가 공존하는 낯익은 타국, 일본을 세계인의 시각으로 보게 하는 책이다. 어디서나 내집단과 외집단을 구분해 행동하는 일본인의 습성, 전형적인 세일즈맨의 모습과 매혹적인 미식 문화 등을 소개하며, 일본인이라면 누구나 좋아하는 온천 여행과 꽃놀이, 료칸 이용법, 그리고 복잡하기로 유명한 일본의 도시철도와 신칸센에 자신 있게 올라타 여행을 떠나도록 돕는다.

세계를 읽다 호주

일사 샤프 지음 | 김은지 옮김 | 16,000원

이민자의 땅, 모든 것이 반대인 남반구 나라, 호주에 적응하는 데 필요한 정보로 가득 차 있다. 호주의 대자연을 제대로 알고 즐기는 법은 물론이고 200여 년에 걸친 호주 개척사와 다문화주의가 빚어낸 생활문화까지 깊이 있게 담아냈다. 느긋하고 여유 넘치는 호주인의 겉모습뿐 아니라 그들이 세계인에 대해 갖고 있는 다양한 편견과 소중히 여기는 가치들도 엿볼 수 있다.

세계를 읽다 두바이

리나 아셔 지음 | 서소울 옮김 | 15,000원

'황금의 도시'라 불리는 두바이에서의 삶이 궁금한 사람들을 위한 현지 생활 지침서이다. 전 세계 금의 상당량이 거래되는 국제 비즈니스 거점인 두바이는 2020년 세계엑스포를 개최한다. 사막의 불볕더위를 이겨내는 법에서부터 이슬람식 인사법, 재래시장 '수크' 이용법, 사막 한복판에서 스키를 즐기는 법까지, 독특한 그들만의 문화에 대해 이방인이 알아야 할 모든 정보를 담았다.

세계를 읽다 타이완

우 링리, 크리스 베이츠 지음 | 정해영 옮김 | 16,000원

중국어로 말하는 중국인이 아닌 사람들의 나라, 타이완에 대한 문화 해설서다. 타이완과 중국의 미묘한 관계, 야시장에서 맛볼 수 있는 모든 것, 타이완 사람들이 어디서나 시끌벅적한 이유와 그들이 어쩌면 불교, 유교, 도교에 버금가는 삶의 의미로 받아들이고 있는 사업에 관해 무척이나 흥미로운 이야기를 들려준다.

'여행자를 위한 도시인문학' 시리즈

'여행자를 위한 도시인문학', 일명 '여도인' 시리즈는 우리가 사랑하는 여행 도시들의 풍경과 맛, 사람과 공간에 깃들어 있는 서사를 밝혀주는 책이다. 그 지역에서 자랐거나 일정 기간 살아본 사람이 애정을 담아 기록한 '지역 문화 안내서'라고도 할 수 있다.

부산

조금 더 깊숙이 부산에 다가서고자 하는 당신에게

유승훈 지음 | 14,000원

전작 《부산은 넓다》를 통해 부산의 역사와 문화를 밀도 있게 소개했던 유승훈 작가가 인문적 호기심이 강한 여행자들이 부산에 오기 전에 꼭 읽어보았으면 하는 밑지식을 모아 55가지 스토리텔링으로 구성했다. 조선시대부터 일제강점기, 해방 후 오늘에 이르기까지 부산의 역사가 면면히 흐르는 가운데 그것이 부산의 풍경과 맛, 공간과 물건들, 혹은 부산 사람들의 삶에 어떻게 영향을 미쳤는지를 알게 한다.

마산·진해·창원

경남 3대 도시를 연결한 '통합창원시' 한눈에 읽기

김대홍 지음 | 16,000원

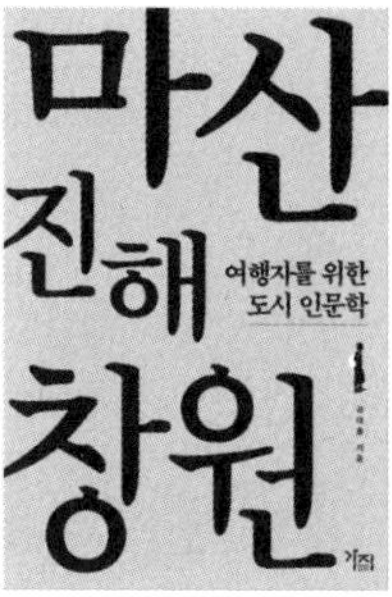

한반도 여섯 번째 개항지이자 1970년대 '수출 한국'의 최전선에 섰던 마산, 해군과 벚꽃으로 상징되는 남해안 낭만도시 진해, 호주 캔버라를 본떠 국내 최초의 계획도시로 설계된 창원. '왕년의 추억'이 강력한 세 도시 이야기를 마산에서 초중고를 다니고 진해와 창원에서도 살아본 경험이 있는 작가가 기억을 되새김하며 썼다. 지금의 창원시를 단행본 한 권으로 통으로 읽을 수 있는 기회는 아마도 이 책이 처음일 것이다.

평범하고도 특별한 사람 에세이

엄마, 나는 걸을게요

사랑하는 이의 빈자리를 안고 살아가야 하는 사람들에게

곽현 지음 | 14,000원

삶에 조금 능숙해진 것만 같았던 삼십대 중반, 저자는 엄마의 죽음 앞에 모든 것을 멈추게 된다. 엄마의 죽음을 온전히 이해하고 받아들이기 위해 산티아고 길로 떠난다. '사랑하는 사람이 떠났는데도 삶은 어째서, 어떻게 지속되는가?' 이 책은 그 쉽지 않은 물음에 관해 더듬더듬 납득해나간 흔적이다. 떠난 엄마를 그리며 자신에게 건넨 치유의 말이며, 같은 빈자리를 안고 살아가야 할 누군가를 위한 작은 위로다.

섬: 살이

섬 학자 김준의 인문적 섬 읽기

김준 지음 | 16,000원

'사람이 사는 섬이 아름답다'는 간결한 메시지에서 출발한 이 책은 우리가 막연히 꿈꾸고 사랑해온 섬에 대해 풍경이 아닌 날것의 삶이 속속이 밴 '살림' 이야기를 들려준다. 오늘날 섬에는 누가 사는지, 어떤 집을 짓고 세간을 마련해 살림을 유지하는지, 섬사람들이 매일같이 하는 일과 삼시세끼 먹는 밥의 역사와 문화, 그리고 섬마을에서 오랫동안 이어져온 생활풍습에 관해 장맛처럼 깊고 질박한 이야기를 풀어낸다.